工作狂是怎样休息的

PAUSENKICKS

Das Ultimative Job-Workout für Körper Kopf und Stimme

［德］莉娜·维特本　凯特琳·伍尔夫

西娜·莫西尼克 著　　吴 莜 译

中国友谊出版公司

目　录

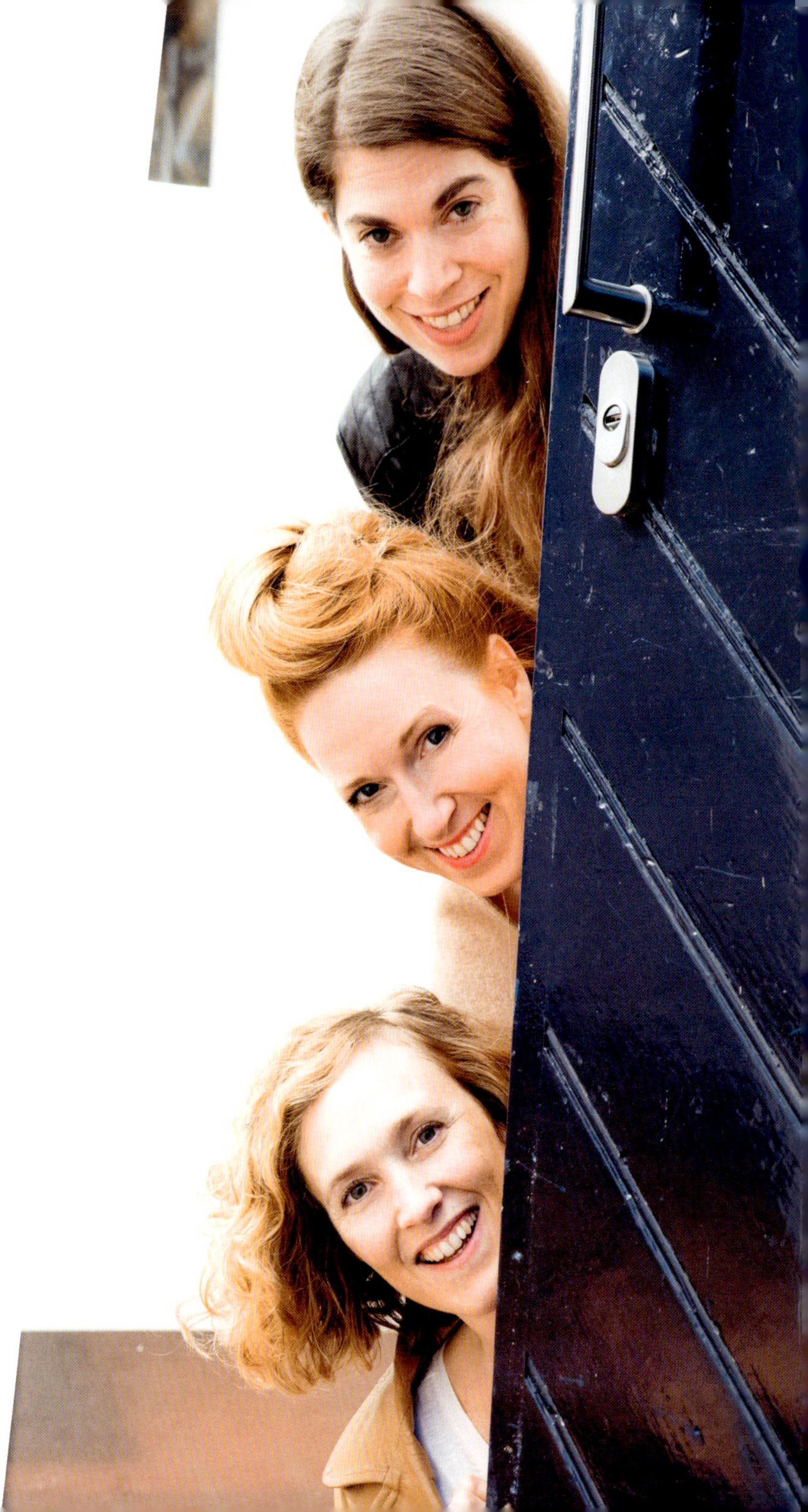

迎接
针对身体、大脑和声音的
职场训练大绝招吧！

大家不妨设想一下如下场景：

又是一周寻常的工作。生活中，总有一些不速之客制造麻烦，让人变得筋疲力尽、萎靡不振。正当旁人拖曳着满载待办事项的公务包步履跟跄之时，你却能在这些"恶"势力的裹挟下，保有心中的一丝平静。其他人似乎只知道以那些办公室英雄为榜样，"无比正常"地疯狂工作着，反而逐渐失去对大局的掌控；你却能面带笑容，意气风发地坐在写字桌前。扰人心绪的压力源泉与鬼鬼祟祟的注意力小偷都被一并挡在门外。掌舵航行，从容而优雅地绕开一个个潜在的动力低谷。腰酸背痛？在你的字典中可查无此词。与此相对，这一天你头脑清醒，四肢放松，声音也铿锵有力。——在恰到好处之时，总有一些陪伴在身旁的小助手，将正确的训练方法悉数耳语与你。如此一来，你便可以悠闲自在地漫度一周。这个想象很是不错吧？

若是能记住并随时应用这些有用的小贴士、训练方法及知识点的话，那又如何呢？没错，通过本书，大家可以体会到办公室瑜伽、情绪训练和记忆训练所带来的十足乐趣。也许在其他人午饭进食后昏昏欲睡之时，你还能保持好心情；也许在同事即将淹死在记忆海洋之时，你还能如魔术般轻而易举地抛出名字及各种数据资料；也许在连主管都眼冒金星之时，唯独你能做出最具创造力的功绩；又或许你还能在持续了4个小时的讨论会上——其他人早就喉咙沙哑之时，始终保持声音洪亮的最好状态……是不是太过于完美无缺了？不，全然不会。

我们想借此书，将适用于各种工作场合的指导建议手把手地传授给大家。让各位得以在日理万机、压力繁重之际，仍保有头脑的清醒与创造力，生机勃勃地度过每一天。不仅不费力，效果还立竿见影。

而得益于附录的"知识检查站"，这些内容随时都能派上用场。大可以试试！相信你也能体会到，和周一交朋友是什么感觉。

2014年初，我们这三位"休息训练师"——凯特琳、西娜和莉娜，一并建立了一个具有运营培训性质的训练纲领。这是办公室瑜伽、情绪及记忆训练的初次结合。通过此书，我们将首次以指南的形式，向广大读者传授在实践中所尝试过的、卓有成效的小贴士及各类项目。其中包含身体动员锻炼、注意力及记忆力提高训练和培养声音承载能力的各类练习。效果绝伦、简单易懂。此外，不要有畏惧心理：在阅读《工作狂是怎样休息的》的过程中，你无须考出什么好成绩。说白了，没有人会强制"验收"。我们想让大家通过这本书，能更自在、主动，且更富有满足感地度过每一天。

所有练习都对年龄、性别或身体条件毫无限制。不管你是体育健将还是运动菜鸟；是悠闲自在地穿着家居服还是笔挺的西装；是身处偌大的办公室还是在个人隔间里，都能够适用。我们还扩展了很多关于这些练习的背景知识。想必你早就想了解，我们的脑袋是怎么运作的；有哪些身体练习值得学习；声音与横膈膜之间有什么联系等问题。那么，就让我们开始吧！

在正式开始之前，请再次放心：不管在最典型的办公室环境，抑或身处富有情调的异国他乡，这些练习及各类小贴士都经由我们亲身实践检验。这本书的大部分是在2017年8月，于美丽的撒丁岛创作的。炎炎夏日，身处岛屿腹地。在那个简单安逸的庭院中，我们有毛驴、狗及许多飞虫壁虎相伴。

为了创作这本当时还尚未成型的"宝贝书"，我们三位告别了汉堡的日理万机，开始了工作假期。我们都很喜欢这样的旅行作家的生活。

不过，我们在那里时常得面对俗话常说的"以水诫人，以酒宽己"[1]这种事。

不必担心，在撒丁岛和煦的日光环抱下，我们这几个休息训练师自然没有贪饮红酒和那些高度数酒，不过还是时常像尚在德国北部腹地一般"如临大敌"。虽然不是位于充满噪声的大办公室里，但也身处满溢着访客的喧闹和驴叫声的露天写作台中；虽然毫无吃完午饭后疲倦的身心状态，却不得不面对着能把全身的骨髓和脑子都一并铅化的炽热温度。高度集中的专注力更是不可或缺，唯有心无旁骛才能使所有的章节得以完成。否则，我们将条件反射般地坠入 Dolce Vita[2]里——和幻想中那位驾着豪华马车的驭手，一并驶向大千世界的浮华之中。我们从而删去了"度假日"这一词，改用"加大号工作日"来补充其意。

长话短说。我们在著书过程中多次用到了接下来将要推荐的各种关于身体、大脑和声音的练习。至于它们是否派上了用场，各位读者大可以在阅读与实践后自行判断！

希望广大读者能在阅读与实践中寻到乐趣，小憩一番，清新身心。

凯特琳、西娜和莉娜
2018 年 3 月于汉堡

---

1 德语谚语 "Wasser predigen und Wein trinken"。字面意思为，用水给他人传道，自己却喝红酒。实际含义为，不去实践一个人宣扬的东西。——译者注
2 意大利语，意为甜美的生活。——译者注

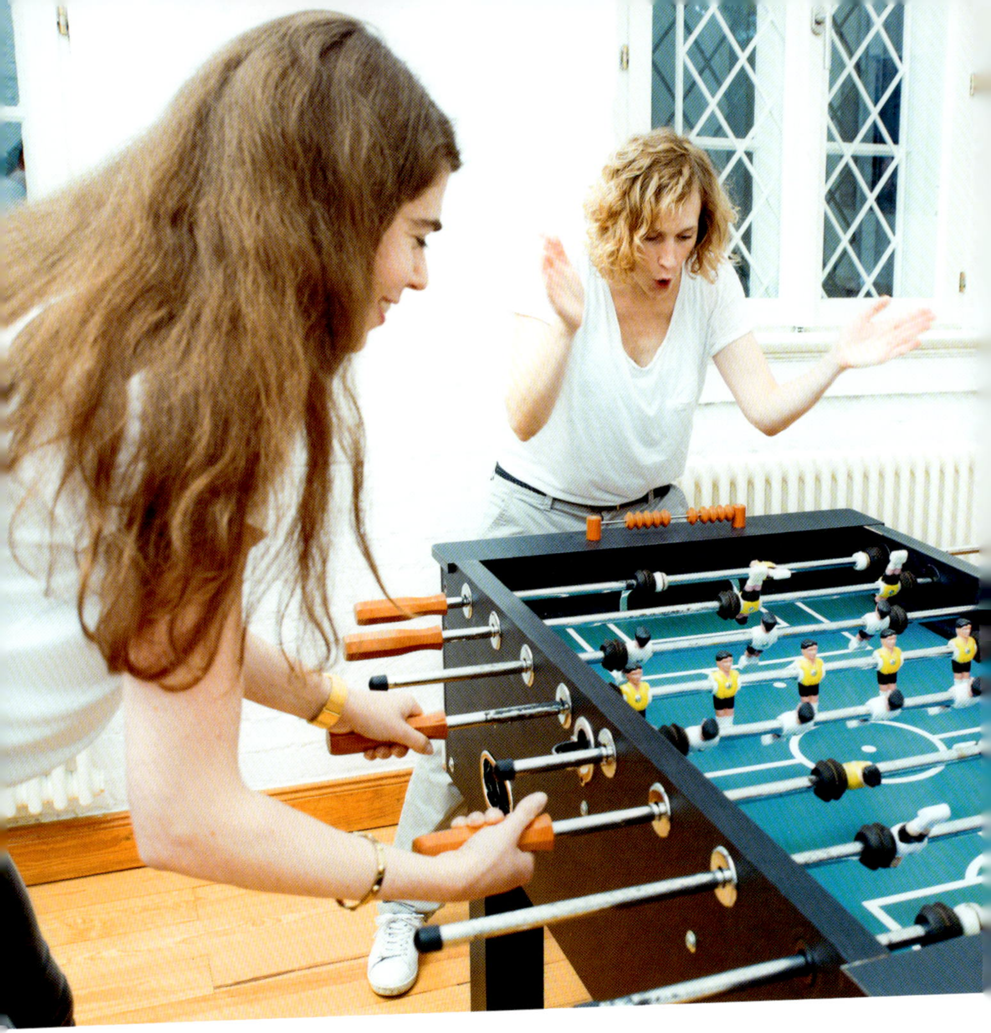

为何三项训练并行

人是由身体、大脑和声音协同运作组成的整体性艺术品。

当人坐在电脑前昏昏欲睡之时，有多大可能会突然灵光一闪？若是呆若木鸡似的站在演说台上，失了魂般找不到恰当的语句，又岂能只以洪亮的声音说服他人？由此，我们受古罗马诗人尤维纳利斯（Juvenal）[1]启发得来的生活哲理——健全的精神寓于健全的身体——可以得出：智慧的想法和悦耳的声音紧密相连。

这听起来不错吧？然而，我们睿智的思维又持有相反意见了：不是"没有时间"，而是总有那么些恼人的同事，开始对自己新的动静指指点点。或者，每次的从头开始，都在没过两次后又被搁置一旁。原先的生活轨迹又辗转而来。毕竟，我们智人都是习惯性动物——即便一些习惯不仅不能给我们带来什么刺激，甚至还对身体有害。习以为常后，我们也会适应其中。相反，动荡或变动总是有些令人难以接受。于是便只有肉眼直接可见的成效和乐趣，才能让人易于接受这些变化。

我们以这样轻松愉快的写作语言，希望能激起你在阅读或做训练时的会心一笑，那么我们的目的便也达成了。

有我们在，诸位大可放心。有我们三位休息训练师在，"办公室工伤患者"也能重返活力，即便是工作劳累一天后的夜晚也能动力十足。在正式开始之前，我们还有一些话，要献给所有初次接触办公室瑜伽、情绪及记忆训练的初学者们。大家都试着回想看看：还记得你毕业后初入职场时的第一个工作日吗？

还记得你第一次学习用一个全新的电脑程序；第一次在新同事面前演说；第一次需要进行大型计算的时候吗？那时，你还会在开始之前担惊受怕，害怕弄乱或是弄混什么；担心会比那些老油条花上更长

---

1 约公元58—127年，古罗马讽刺诗人。作品常讽刺罗马社会的腐化和人类的愚蠢。——译者注

的时间完成；又或担心不能彻底理解每一步。如今这样的心情，早已是难以想象了吧。

这类全新的场景并不一定会引起我们的不适应。比如，想想第一次上游泳课时的那种激动，或是第一次出国时的那种期待与喜悦。正所谓"每一种开端都别具魅力"[1]，你的大脑肯定早已迫不及待要迎接这场神经突触的"狂欢派对"了。

那些心中的顾虑大可以打消：就算是再不喜欢运动、再笨手笨脚的人，也能上手办公室瑜伽。大家既不会练到满头大汗，也不需要一副橡皮般柔韧的筋骨；在记忆训练中，你会学习一些既有趣又易理解的记忆技巧。它们会帮助你变得更有创造力，更容易找到合适的字词，从而得以推敲出更妥帖的语句；你也不必担心声音训练会勾起上学时音乐课上必须当众唱歌的噩梦。我们会在这个部分学习到生动、刺激的针对呼吸、断句和发声的混合练习。

各位还在担心，到底能不能记住所有所学的内容？或者疑惑，读过一遍这本小小的指南之后，它会不会也从此消失在书海中？对此，我们也早已做好万全准备。毕竟我们是想让大家能够在今后的生活中持续地从这本书介绍的休息训练中获益——在不用翻阅本书的情况下，也能自信满满地将这十八般武艺尽数存储在我们出厂自带的"最强大脑 APP"中。所以，我们马上就要介绍——"当当当当"——一种便于上手的记忆法。

看到这儿你已经怀疑得眉头紧锁了？十分理解。但先别太着急，少安毋躁！在每个章节中我们都会把（记忆）主线教给大家。为了寓

---

1 德国作家赫尔曼·黑塞（Hermann Hesse）在诗歌《历程》（*Stufen*）中所述。——译者注

教于乐，本书将利用由古希腊人民代代相传而来、直到今天还十分适用的位置记忆法（Loci Methode）[1] 来教大家自主学习。

Loci 位置记忆法——我们便携的好记星，适用于休息训练及其他知识储备

你肯定不由得问，这个"Loci 位置记忆法"到底是什么个玩意儿？当然，这和我们那位已遗憾离世的总理夫人 [2] 没有任何关系。但不妨试着将此记忆法比作像她那样博学的老夫人。在你需要之时，有她在身旁相助，以避免发生过的事即刻被抛之脑后。就连在手机、电脑都没电的时候，她还能提醒我们，不要忘记了所有的待办事项、别人的生日及其他一些大有裨益的知识。

让我们现在揭开谜底吧——很多德国人现在很有可能得唤醒起那段（惨痛的）校园记忆，那段曾经被拉丁语支配着的恐惧时光。[3] Loci 是由"locus"一词派生而来，原意为"位置、地点"。[4] 现在就算我们不是古典语言学家，大概也能明白"厕所"这一词的另一种口语表达 [5] 是怎么来的了。关于该记忆法的名字起源就说到这里，现在就让我们来看看这个便携好记星的使用手册吧。

请你试着回想一下那些综艺节目中记忆大师的精彩表现。他们总

1　利用空间想象帮助记忆的一种方法。——译者注
2　此处指德国前总理赫尔穆特·施密特（Helmut Schmidt）的夫人，洛基·施密特（Loki Schmidt）。其名与该记忆法发音相近。——译者注
3　在德国，很多学生需要在 6~10 年级学习拉丁语。——译者注
4　拉丁语 "locus" 即地点，"loci" 是其复数。——译者注
5　此处意指 "der Lokus" 一词，是德语中厕所（toilette）的同义词。——译者注

是能毫无差错地记下一长串数字组合。这毫无疑问是记忆力的伟大功劳——其实只需少许练习，再带上兴趣和热情，每个人都可以学会。他们所用到的记忆技巧都基于大家共有的——想象力、创造力以及五颜六色的画面。这些也正巧是我们的大脑所喜爱的。

这些大脑特技师记下来的，并不是那些数字。他们将记忆内容先转化为色彩斑斓的画面和标志，再利用独特或荒唐的联想将其转化为真正意义上的"引人注目"的图片。

我们的大脑不喜欢数字，却热爱那些引人注目的画面。这些画面能激起我们的情绪反应，并将其更好地保存在记忆之中。

若你已经成婚的话，可以参考一下这个例子：如果你还很清楚地记得，婚礼那天是什么天气，那么可喜可贺！——那天对你来说应该是非常情绪化的一天。因此我们的大脑（当然也在心里）才能记住这么多具体的细节。

其他可以佐证情绪能加深事件和信息在大脑里记忆的例子还有：2001 年 9 月 11 日在纽约发生了恐怖袭击事件，"9·11"这个词就此融为我们日常的语言习惯的一部分。绝大多数人保证还能清晰地记住，他们在那一天都做了什么。但如果要问他们在往年的 9 月 11 日做了些什么，那么大多数人估计都得在自己脑海里打个问号。

从神经生理学的角度来看，每每有新的信息，它们总是经由各种感官先到达我们大脑中的感觉储存器，而后进入边缘系统中。简要来说，大脑的这个部位会进行对信息的感觉评估。如果信息与情绪之间的联系越紧密，那么它就越有可能会由短期记忆转为长期记忆。

除了利用引人注目的画面以外，我们也可以通过其他的方式激活大脑，针对"休息训练"及其他不想忘记的事情进行长期记忆，好让我们在今后还能准确无误地回想起它们。除了利用图片记忆以外，要有意识地利用我们的声音，将新学的事物"读"出来，而不是只"想"着它们。条件允许的话，还可以"触摸"（触觉刺激），最好还可以"尝""嗅"（味觉和嗅觉刺激）和"感受"（感觉刺激）。如此一来，我们便能更容易回忆起此事。之所以这么做，是为了给大脑创造机会，好让其可以有意识地利用感官对新学知识进行长期记忆，从而做到活学活用。

也就是说，调动的感觉器官越多，记忆的存储就越持久。针对名字、日期、数据、材料论点和本书中休息训练的记忆，这种方式颇有效果。

话说回来，大家还记得我们刚才提到的"Loci 位置记忆法"吗（如你所见，我们的记忆训练早已开始啦）？这种记忆方法早就被古希腊人用来记录那些有时能持续数个小时的演讲，后来的人们正是如此才得到了他们的真传。他们将自己的论据和论点富有创造力地（想出引人注目的画面）结合在一起，再将它们逐个"放入"头脑宫殿里的一个个柱子中。在演讲之时，让一个个记忆桩在脑海中触手可及。这样便能慷慨激昂地说上好几个小时了。这些激情四射的引路人，想必是在推敲这些字词句段之时，掺入了尽可能多的感官体验，以使内容不易被忘记。或是发挥了天马行空的想象力（视觉），又或是在无人的小房间中高声诵读。

此时，你可能想问，古希腊人、位置记忆法和这本书里的休息训练到底有什么联系？我们在开头已经提及，大家准能利用书中附录的记忆检查记住很多东西（希望其中也能包括我们的休息训练）。但坦白地讲，我们在这本指南里，并不直接提供这些记忆桩。单单掌握这个方法，这把认知心理学上的"万能军刀"就能派上各种各样的用场：你想要在下次的销售洽谈上，更掷地有声地亮出理论依据吗？还是不巧在购物的时候，发现把购物单忘在家里而抓耳挠腮？或者绞尽脑汁也记不住奶奶告诉过你的蛋糕做法了？家里的记事本上也许早已贴满"给牙医打电话"或"孩子生日"这样五花八门的便利贴吧。

从今往后，大家不必再借助智能手机等各种记忆助手。从现在开始，我们可以放心信赖大脑自带的"人性化 APP"，而这都是托位置记忆法训练的福。

这本书将伴诸位走过 10 个在典型的工作生活中会遇到的"站点"。在这里，我们就要利用那些源自古希腊的记忆桩来排兵布阵了。但不像古希腊人用记忆宫殿里的柱子记下演讲内容，取而代之的是，我们将设定一个横穿各种经典办公场景的路线，专门用于记住这些休息训练。在这之后，要再回想这些针对身体、大脑和声音的训练，就不会有任何困难了。

在最开始使用记忆法进行记忆学习时，你会需要高度的注意力，并且要反复复习才可以进行"存档"。熟能生巧，在这里自然也是适用的。若是没能马上熟记所有的阶段练习，也请对自己宽容一点。只要频繁地尝试，利用想象力将某些地点和待办事项联想到一起，你就会发现，唤醒被存储着的信息会越来越简单。

用熟识的路线作为记忆轨迹也十分重要。比方说，我们可以在四面不同的墙上选择一段特定的路径（从床上到走廊的抽屉里，从那儿再到客厅的沙发上。经过电视机，直奔厨房里的冰箱和炉灶，最后再到浴室的镜子边）。同理，也可沿着自己身体来记忆工作或散步的路。比如，让记忆点穿过脚和脚趾，向上到小腿肚、膝盖、大腿等。这样就有足够的位置来串联记忆内容。

在每次使用"Loci 位置记忆法"的时候，有一个需要注意的点：记得要从一个固定的顺序开始，并要选取"固定位置"进行记忆。如果选取的是上班路上经过市政府旁看到的一辆冰激凌车（位置不固定！）作为记忆点，那么试想，要是你稍后在广场后面又看到了这辆车，此刻想让大脑进行记忆就十分困难了。

在下次购物的时候，就可以试试看！只要用上图像化的想象力，我们就能免去写下一长串购物单的麻烦。打个比方，让我们试着把一盒全脂鲜奶定桩于走廊里的柜子上——这个柜子突然变成了鲜奶盒子

"Loci 位置记忆法"使用小结：

▶ **在路线固定不变的地方选取固定的记忆点**

▶ **将要记下来的信息和记忆点联想起来**

▶ **回忆已存信息，随时享受乐趣**

状，一打开，抽屉里面溢满白花花的牛奶；而后，可以将黄油定桩在客厅里的沙发上——先在脑海里将"软绵绵的"黄油抹在沙发靠背上，抹在每个靠垫上。抹遍各个角落后，你就可以更惬意地坐在"软绵绵的"沙发上了；最后，再重复这个"购物路线"一两次，你就不用带备忘录出门了。到了超市后，只需试着在脑海中再回到自己的公寓，那个鲜奶盒子状的柜子便会映入脑海。

虽然现在从超市里出来了，我们关于食物的话题还得继续。在开始 Loci 之旅之前，我们还想为大家筹备些关于工作训练项目的"精神食粮"：办公室瑜伽、声音训练和记忆训练。

记忆训练到底是什么

你手中正拿着的这本书里，有 1/3 的内容都基于"记忆训练"。

大家难道以为这些字谜游戏、背记长串数字，以及解决记忆题目的技巧都被设计得精妙绝伦吗？大错特错！

一体化的脑部训练，除了围绕着我们每天都会在生活中需要的"记忆能力"和"集中注意力"这样广为人知的领域之外，还包含着其他领域。提到这些领域，我们第一反应可能并不会将其与"脑力运动"或"认知训练"这些词联系在一起。比如，你是否曾想过想象力、创造力、遣词造句，甚至是感知能力，都属于记忆训练的范畴？

如同体能训练就包含拉伸、热身、重训、条件训练、肌力及爆发力训练等各种各样的练习一样，脑力运动也有着如此的万千面孔。一个人如果仅仅着重于力量增长训练而不做别的训练，身体并不会从中获益。对于我们的大脑来说，避免只将重点专注于一个领域，这同样极其重要。

知识工作者和办公室白领经常需要一天工作 8 个小时，首要运用到的是逻辑和分析思维。但同时，我们应该趣味性地激发出创造力、思考反馈能力和联想力，好让大脑能"一体化健康"，重新启动略带锈迹的那些区域。这些能力范畴，正是脑力工作者在工作中并不首先运用的。与之相对的，以艺术事业为生的人便应着重激发逻辑和结构思考领域。

正式地说，一体化脑部训练除了之前已提到的分类以外，也包括关系认知、判断力、组织能力等类别。

本书则主要侧重于训练记忆能力。

瑜伽不再只囿于遥远异国的心灵神龛中，它早已进入我们日常生活的方方面面。就像在家附近折扣店里能看到五花八门的酸奶种类一样，瑜伽也有形形色色的不同流派、风格。有针对小孩且寓教于乐的儿童瑜伽、传统的哈他瑜伽、昆达利尼学派、健身房里更富有运动效果的改良瑜伽，以及现代都市里新兴的啤酒瑜伽、大笑瑜伽等。每个人都能找到适合自己的瑜伽。

办公室瑜伽，是我们给身在职场的你提供的最佳解决方案。你不需要在复印机前下腰，更不需要在办公椅上将身体柔软地打结。办公室瑜伽更倾向于一个整体性的身心恢复训练。其中包含躯干深层肌肉的力量增强训练和柔韧性训练等。

脑力工作者大多数时间都需要坐着，身体的肌肉也倾向于简化、变短。 如此一来，原先强有力的、作为中坚力量的背部肌肉和腹部肌肉就时常罢工。我们需要用已流传千年的、心神合一（"瑜伽"一词源于印度梵文，意为"一体、和谐"）的瑜伽训练，来防止我们的肌肉偷懒。

办公室瑜伽会带来许多好处。在职场环境中，掌握背部保健术和人体工学知识，绝对是最重要且对身心最有益的保护。瑜伽可以强健体魄，更可以调养生息。它不仅能够舒缓经常吱吱作响的后颈，拯救已退化的大腿肌肉，更能调节与同事争执之后的闷闷不乐，减轻在截稿日前所要承受的巨大的身心压力。

在我们的帮助下，希望你能将瑜伽精神贯彻职场日常。这是在各种职场情景下，一个集多功能于一身的、强有力的助手。但是你可要小心了——大部分最开始还对瑜伽指指点点的人，在学习了适宜职场环境的日常办公室瑜伽后，甚至还会在业余时间去健身房报名参加瑜伽训练，好练习各种体式（Asana）。总之我们先提醒大家，学习瑜伽可是有上瘾的风险。

针对那些现在还眉头紧皱的人，我们也可以说点大话。体式"Asana"一词源于梵文。"as"为词根，意为坐。说不定当年的印度瑜伽士早就想到，瑜伽也会适用于现在的职场生活呢！

而接下来的这个建议，就更像是安全使用须知了：我们这三位作者，既不是医生也不是理疗师。如果你有脊椎问题、腰椎间盘痛，或是高血压，又或处于妊娠期等，请别把全部的希望寄托在其他疑似患者或网络问诊医生身上。你最应该先去找一个值得信赖的医生。毕竟大家阅读这本书，是为了锻炼出更强健的身心，而不是对着每况愈下的身体难展愁眉。

那声音训练呢

至于为什么这本指南中有针对声音训练的小贴士，各位肯定也有所疑惑。毕竟大家作为颇有热情的"职场动物"，既不需要担当演说者或主持人，也不准备登上《好声音》的舞台。

这么说吧，声音是我们整体形象的一部分。正所谓人靠衣装，声音也是同理。它可以为你在职场舞台上的形象增光添彩。用健康、有力、共鸣的发声器官说话，能让听者感觉很舒服；而操着一副公鸭嗓说话，则会让人听着十分难受。

"舞台形象"一词在这里并不局限于秀场表演或演说、演讲等真正的舞台表演。在职场语境下，这其中也包含着和客户打电话、开展网络研讨会、与领导进行年度总结，或者部门会议等各种需要用到我们声音的场合。

　　大多数人每天都需要说很多话。不管是在一个呼叫中心的大办公室里工作，或是经常需要出差，又或者作为管理人员需要在公司员工面前说些什么。一个能撑得住话的声音是必不可少的。就算是在实验室里、在电脑前进行开发研究工作，总是沉默着度过一天，我们仍不可避免地需要和别人进行面对面的交流，向其他同事展示我们投入的辛勤劳动，耕耘用耐心培育的劳动果实。

　　人的嗓子十分敏感，对于气候的温差变化、压力和紧张心理会做出十分快速的反应，对于令人愉快的事也是如此。只需一些训练和正确的保养方式，我们就能让自己的嗓音保持健康、有力的状态。

　　在这本指南里，各位读者会对声音中蕴含的力量拥有更深刻的理解。请期待接下来各种丰富有趣的学习方法吧！

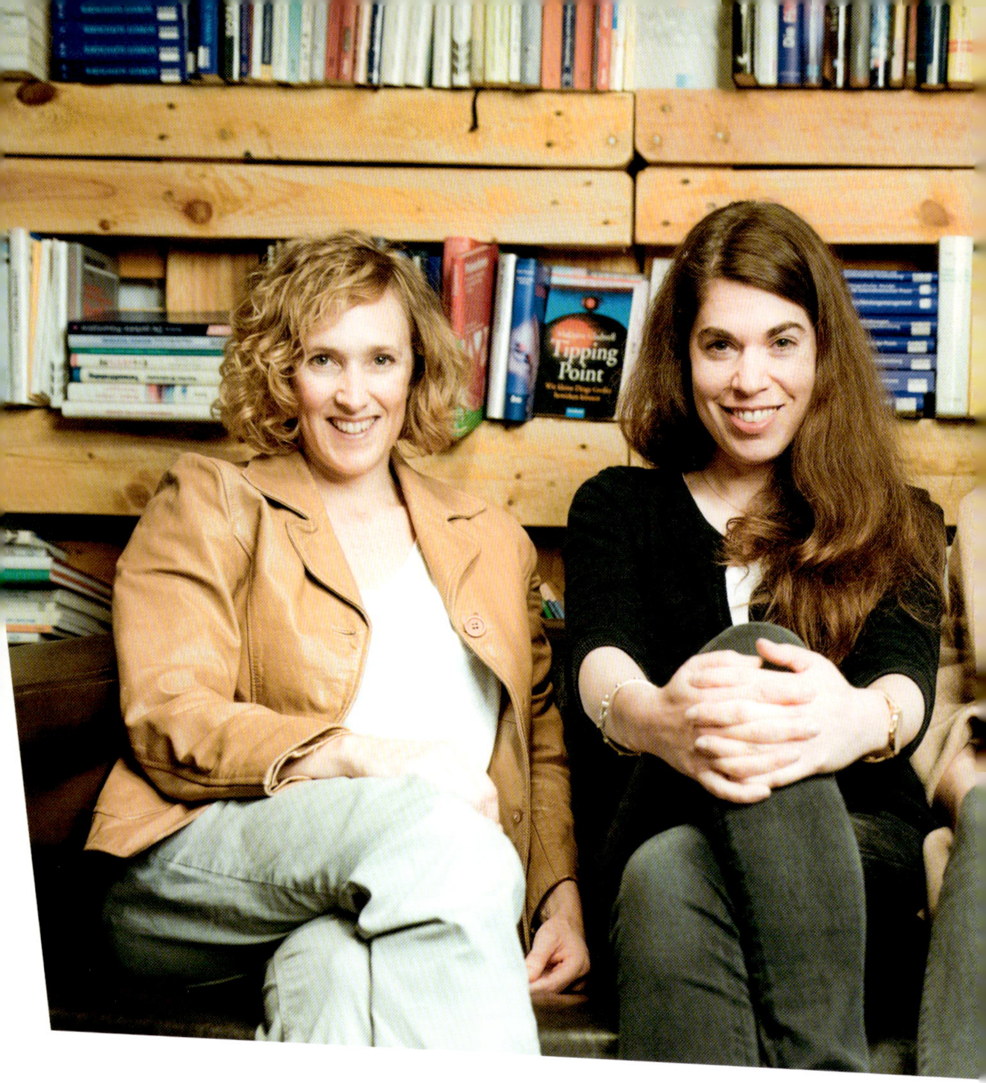
Tipping Point

第一章

没睡够?
起床气大?
清晨运动开启
美好一天

闹钟早早地响起，一晚就这么过去了……唉，想当年我们还是少年时一切多好啊——能一大早满载着新奇与期待，活力四射地从床上蹦起来，迎接新的一天带给我们的惊喜。再看看现在的我们：眼皮低垂，四肢无力，声音沙哑。脑子呢？恐怕还死睡着呢。

这情况可不陌生吧？但别闷闷不乐了！也别说是昨晚那杯葡萄酒的错，又或是伴侣打鼾了；孩子也闹腾，邻居还吵人；工作过于繁重；吃得太胀，睡得太晚；睡前想太多……种种借口。现在要准备出发，开启新的美好一天！

不管是熬通宵的夜猫子，还是天还蒙蒙亮时便早已坐在床沿闻鸡起舞的早起大队成员，只需一些小小的身心健康练习，就能重新恢复元气。

正是从这一刻起，"位置记忆法"的第一站就已经开始了。每个工作日都是从床上开始的。那么床便是我们为大家选择的第一个记忆桩了！

现在，请仔细回忆一下你安适如常的卧室。想象一下：你精神饱满地起了床，舒展开了四肢，笔直地站着。没有喋喋不休的抱怨，只有深沉有力的呼吸以及良好的心情。饱含动力，新的一天就这么开始了！

接下来就要用到我们前面提到的三个练习，它们分别针对身体、大脑和声音，帮助你开启充满活力的早晨。

✖ 身体训练

当闹钟已响起三次的时候，睡再多懒觉也于事无补——是好是坏，现在都得起床了。但从今往后，诸位绝对不会再把"星期一"当作世界上最短的恐怖故事了。

起床其实也可以很有趣。不过前提是，我们得在床上先多躺一会儿。是的，没看错：你还能在床上再稍微逗留一小会儿。请把注意力放在此时的呼吸上。感受深深吸气时经过鼻腔的气流，真真切切地感触这"呼吸的间歇"。而后再缓慢而享受地用半张着的嘴吐出这一口气。这一次聚精会神的呼吸，能让我们自觉地立足当下，关注眼前。从而集中精神开启新的一天。

拉伸运动

现在让我们活动起来！我们可以像小猫小狗一样拉伸身体。把身体当作橡皮一样左右换边转体，伸展开来。你那疲劳的筋骨想必会对此十分感激。摇晃所有的脚指头；双手握拳，再突然"爆发式"地松开。大脑和肌肉能因此得到更加充足的供血，人自然也就更清醒。两三分钟后，要挥动双腿并站立起来，便不是什么难事了。

既然你已经活动开来，精神抖擞地站着了，就让我们马上进行接下来的"认知热身"，以使我们全神贯注地开启新的一天。别害怕，没人想——也没人能一起床就马上解答数学方程式，但我们能通过运动锻炼大脑，并提高注意力。该怎么做呢？答案是，左右交叉练习。

🧠 大脑训练

用双手双脚画画

站立状态时，请将全身的重量小心地转移到一条腿上，用于支撑。你可以稍微屈膝，不需要完全挺直大腿。现在将另一条腿从地板上挪开（刚开始时，"摇摇乐选手"也可以靠在椅子扶手或其他类似物体上，以便站得更稳），尽力向外、向前伸长。蜷缩足部，想象要用脚尖在空中画一个"8"。尽可能大幅度地摆腿，画出数字。重复几次后，换另一条腿进行。

已经醒了些？我们还能再加大难度！

请再回到最开始用一条腿支撑的状态。等已经站稳的时候，试着松开双手。现在请大家像一个乐团指挥家一样，在一条腿比画数字"8"的同时，挥动双臂在面前的水平方向也写出"8"。

同时，也别忘记每几轮换一次腿，以防突然失衡。

这一过程中，什么可能的"数字"或者其他的"鬼画符"都出现了，就是写不出"8"。这是因为在协调全身动作时，我们需要精神高度集中，但我们又分散了一点注意力用于在空中比画出些"能认出来的"数字。借此练习，各位便能在一日之初强化注意力，以解决接下来一天还将发生的事情。通过自主进行交叉练习运动，我们能顺其自然地激活大脑的两侧，并将它们的神经网络连接起来。就大脑两个半球这一话题，我们在本书后面还会来介绍。

身体的左右半边会相互补充、平衡。因为左半脑控制右半身，右半脑控制左半身。

就这样换几次腿，画出各种"8字沙拉杂烩"后，我们就能整体并进，身心平衡地进入新的一天了。你还没想过办公室瑜伽（在这一章其实是居家瑜伽）和记忆训练能这么让人放松吧？接下来再来开个嗓吧！

🎤 声音训练

全身心地打个哈欠

让我们先打个酣畅淋漓的哈欠！但可别再倒回床上。最好让窗户大开，或者走到阳台上，又或者走到花园里。

而现在张大嘴，所做的就是我们在工作的时候太过于喜欢强忍着的事了（我们总是只有在寂静的小隔间里，或等同事看不见的时候才容忍自己来这么一下）：打哈欠！而且要能打多大就打多大。

这和我们的声音又有什么关系呢？这是因为，在打哈欠的过程中，我们能够伸展并放松喉咙处所有的肌肉组织，还包括其他发声部位：嘴巴、舌头和下颌肌肉。同时，紧绷的后颈与肩部肌肉也会变得松弛。

大家现在或许感到更清醒了吧？这并不出奇！在打哈欠的时候，我们的呼吸变得更深，肺部得到了更充足的供氧——这是献给全身上下的动力循环，并且能帮助补充元气。

用滑动声音唤醒自己

那么，现在就请你鼓起勇气，发出声来：叹一口气。是如释重负的叹息，还是绝望的喘息？都不是，这是对新一天的满是喜悦的轻叹！

慢慢让你的声音在掌握之下，由高到低地滑下来。从最高的音域由上而下，一直到降到谷底。这些"滑动"是对总体音域的一个既柔和又有效的暖身练习。这为什么重要呢？说到底，我们说话的时候不只是用一个声调，而是通常在一个八度的范围内变换语言韵律。在钢琴键盘上这是从大 C 到小 c 之间的距离，相对应的则是全音域中的 8 个音节。

现在让我们再换个方向。从谷底最深处一直到高音，并发出略带惊异色彩（或者说是充满希望的？）"噢噢噢噢"的声音。重复该练习几次，让我们的发声部位就此告别此前数个小时的睡眠状态（这是再好不过的情况了）。

泰山式动作

你可以在进浴室之前，再扮演次人猿泰山——用上我们早已耳熟能详，且一如既往强有效的"泰山式动作"。用双手轻轻捶打前胸，同时用你习以为常的说话音调发出"呀呀呀"[1]的声音。尽可能将发声多维持一小会儿。其中的"a"一音很有开嗓作用。轻敲前胸则能让胸部肌肉放

---

1 原文为"Jaaa"，音似中文的"呀呀呀"。是"Ja"一词拖长音之后的发音，意为"好""是的"。——译者注

松下来。现在再在脑海中将"好"送给自己，给伴侣、孩子、同事，将"好"送给大好工作日——这样新的一天说不定也会走运？

现在洗漱时间到！

在你即将到达休息训练的第一站之前，还有一个额外的小贴士：在刷牙、剃须或化妆间隙，你可以送给镜子中的自己一个友好的微笑。这有助于战胜我们脑子里的小牢骚鬼，提升心情指数。

瑜伽与呼吸

当场面升温时，不管是在办公室、在家中，我们都倾向于憋着一口气。有时只要再多被施压一下（不管压力以什么形式出现），我们都可能因过度劳累、压力或是怒火等产生"大爆发"。为了避免像"没头脑和不高兴"中的不高兴一样易怒易发飙，我们可以用另一种方式，通过有意识的呼吸控制来获得镇静，缓下速度来，让自己去情绪化。

瑜伽的一大重要支柱是调息法（Pranayama，这是一个合成词。由印度梵文中的"prana"——"生活之气、呼吸"，以及"ayama"——"控制"组成），其中包含许多呼吸练习。就像其他运动类别一样，在瑜伽中，我们也能够利用呼吸与运动间的互联同步，来增强力量或放松身体，给所有细胞最大限度的供氧。

让我们更有意识地去察觉，更专注地关注自己的呼吸。缓慢而深沉地用鼻子吸气，用心感受换气时的暂停，再轻轻用半张着的嘴呼气。通过这样的方式，我们能调节呼吸节奏并让自主神经系统中的交感神经"淡定"下来。

当我们的祖先在大草原上突然和剑齿虎迎面相遇时，他们能借

助快速的呼吸迅速掉头就走。要是遇到某位恼人的同事或邻居、突然遇到红灯，又或是咖啡倒了……这样具有"剑齿虎2.0"特征（最高环境／灾难威胁）的事，那就请你有意识地把注意力放在呼吸上，用鼻子深深地吸一口气。

在尝试着专注与感知的同时，我们便得以再次和现实世界"连接"起来。这时我们发现，刚才也不是世界末日，那时的火冒三丈（"这下好了，红灯之后可能会在会议上迟到，订单又得告吹……"）并不至于是该触发的离弦之箭。

大家尽可试试！

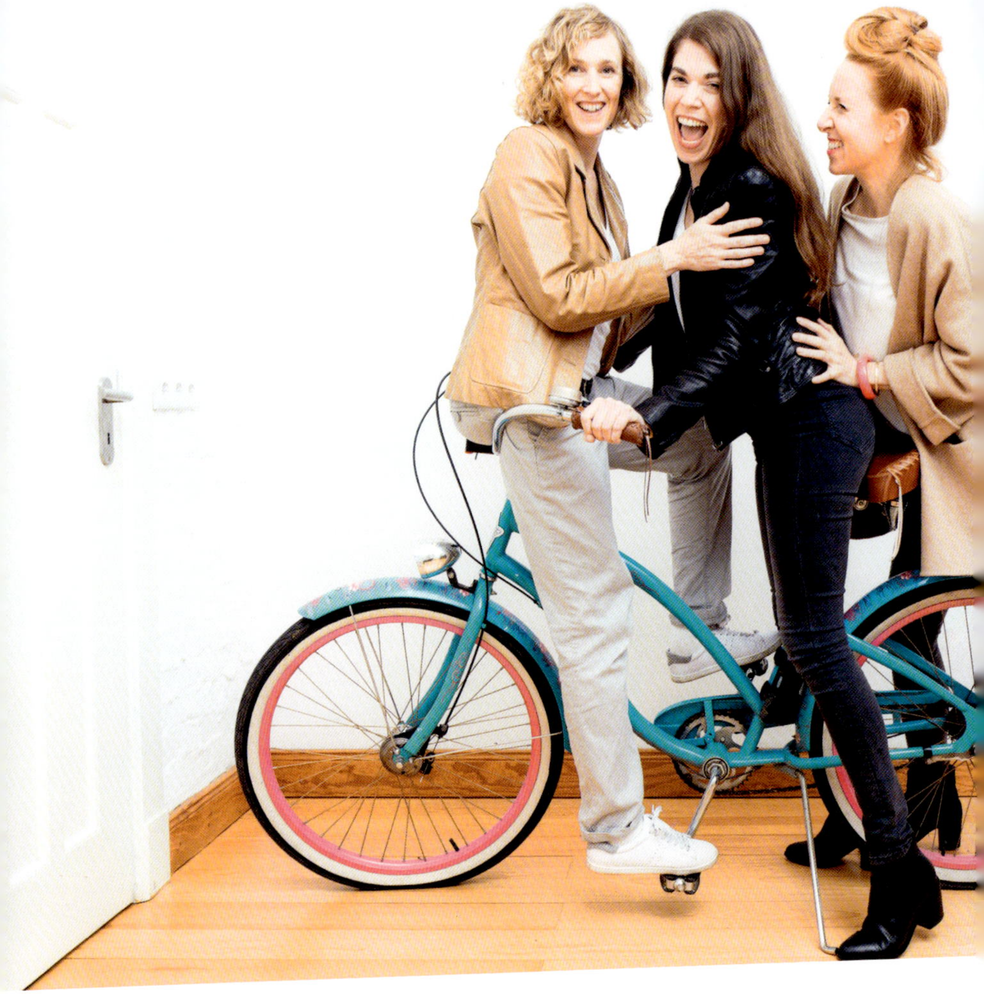

第二章

活用上班通勤时间

上班路上小热身

地点： 上班路上
主题： 灵活性

锁上家门，一大早就要快马加鞭地赶向公司了。不论是坐公交、坐地铁、开车、骑自行车，又或是只凭双脚走路上班；不论是弹性制的上班时间还是准点打卡上班，或早或晚，我们都得到达工作的地方，成为上班人潮中的一员。

不管是头发散乱、领带松垮地开启忙碌焦躁的一天，还是需要在站台等待许久，大家都要好好享受这段从家里到办公室的"穿梭时光"，利用这段时间为我们的身体、大脑和声音做些有益的事，并且让这一切自然而然地发生。

很多人都得在上班途中花上好几个小时。那为什么不好好利用这段宝贵的时间，做些有意义的事呢？

如果在乘坐公共交通工具或搭车时，你不是非要看书、看报纸、看小说的书虫；不用手机阅读邮件；也不常听你最爱的音乐……这样的话，我们有几个用于激发活力与休息调整的其他选项，供你在上班路上随心选用。

大脑训练

自主提升注意力

"活在当下，用心关注"，这听起来很简单，但要让我们的心静下来享受当下，倒是现今做起来最有挑战性的事情了。

现代社会的我们，能聚精会神的时候可谓屈指可数，甚至连一只蹦来跳去的松鼠都比不过。其中唯一的区别是：松鼠是一会儿想着这个坚果，一会儿思绪又跳跃到另一个坚果上去。而我们是在脑海里从"过去"跃到"现在"，再马上跳到"不久的将来"。一会儿想起昨晚和孩子讲的那道数学题，一会儿想起汽车得赶紧送去修了，一会儿又想起在办公室还有个部门会议……

我们得让高速运转的大脑喘口气，从各种费脑的事中解脱出来。即使是在最普通的工作日，大脑也已十有八九是处于超负荷工作的状态。我们反复提到的"注意力"，指的就是要全神贯注，留在当下。

先把注意力聚焦在你的各种感官上：现在映入眼帘的是什么？是上班路上步履之下的人行横道？或是骑自行车时滚动的前轮？又或是车内仪表盘上隐隐发光的车速表？

在公车上，你有没有感受到柔软的座椅椅垫和隔着外套的椅背？有没有感受到自己在电车扶手上那只紧握的手？你又能听见什么？是地铁里嘈杂的声音、车里收音机滚动着的各类新闻，又或是步行时街头巷尾的大小噪声？

如果常在自己的脑海里尝试抓住当下这一个片刻，停驻于此，那么处于紧张关头时，大家便能更轻松地集中注意力，自然也可以更自在地畅享每个美好时刻。这个"留在当下"策略最为精妙之处便是如此了。那些关于未来的各种顾虑，本就不代表现实中确实发生。它们也本就是一个个念头而已，并不代表现实。那么为何不让我们好好地停驻在当下呢？

✖ 身体训练

顺便绷紧和放松一下肌肉

那体能方面又该做何准备呢？其实只要你能强有力地踩稳油门

踏板，或者是能健步如飞地走去公司上班，那么就说明，你的血液循环应该没有什么大问题。

稍做休息时，或正好遇到红灯的时候，都是可以用来舒展筋骨的大好时机。在自行车上停着的时候，我们通常是用一只脚蹬地，那么另一只在踏板上的脚便可以趁机向后伸展一下小腿肚。

如果你恰好是处于坐立姿势，也有一些适合的针对性训练。即便你不是一个人坐车，而是身处载满人的公车或者地铁，也不用太担心。我们可以做一些"深层肌肉训练"，让身体活跃起来。

绷紧盆底肌，稍稍保持一小会儿后再放松开来。激活这片深层肌群，是为了预防并减缓随着年龄增长而来的肌肉萎缩。在某些情况下这片肌群可是大有用处。譬如在我们内急已经憋不住了，但那位话痨同事还对着他的演示文稿滔滔不绝，好似不讲到 200 页不罢休之时……

如果大家刚开始尝试这个训练还有些不习惯的话，也可以试试另一种隐蔽性较强的训练。只需要绷紧再放松腿部肌肉——向座椅内部施力再放开。或者也可以像握拳一样，踡紧所有脚趾再松开。

这样做能激活并疏通肌肉组织及血液循环，防止静脉中可能出现的堵塞。在长途飞行或长时间坐车时，这个训练也很值得推荐！

盆底肌运动 ——
训练隐形，效果显著

盆底肌位于耻骨附近，这个强有力的肌群由三个部分组成。因为有它的支撑，腹部各个器官都能保持在固定位置上。它还负责身体各个"出入口"的开关，对我们的身体起到固定和辅助竖立的作用。

我们当然不只能在上班路上锻炼盆底肌，更能随时随地做这件事。旁人是不会注意到的，说不准你对面那个人也正悄悄锻炼着呢。

在瑜伽里，这些深层肌肉有"落地"与"生根"的象征意义。我们通过绷紧运动来激活盆底肌（比如突然内急，但连个厕所的影子都找不着的时候），以保证身体的稳定性和安全性。我们可以在吸气时绷紧肌肉群，再在呼气时有意识地放松肌肉，从而加深这些瑜伽练习的强度。

就连久坐族长久以来的腰酸背痛，都能通过对深层肌肉有意识的绷紧和放松来获得改善。

现在再让我们专注于声音。我们不仅需要灵活的身体和大脑，更需要灵动的声音。我们说话时会调动 100 组肌群。如果身体处于紧张状态，声音自然也会有所变化。或许大家也注意过这个现象：脖子酸痛的时候，说话也更费力、喉咙也更容易变哑。所以声音训练也是体力活。我们也便习惯性地将其描述为："松、紧、松、紧"。

呼吸肌在发声领域做出的贡献不容小觑。在利用上班路上的时间激活它们之前，让我们先来个小拓展：欢迎大家来到"声音训练1 × 1"。

声音训练 1X1

第一部分：呼吸与自主神经系统

我们何曾需要特意去呼吸？呼吸系统的一大好处，便是与消化过程、心脏跳动以及更新代谢一样，能"全自动化"进行。一般情况下，我们完全不用刻意去管它。

这是因为一切都在我们的自主神经系统的掌控之下——人们也称其为植物神经系统。它负责掌握、调整我们生存所需的基本身体功能。我们的脑干位于这个系统的尖端，这个拇指大小的东西便是大脑生长过程中的元老级的区域。

在我们的身体里，这些自主神经功能虽然都是全自动化的，但我们或活跃或消极的生活方式、时而紧张时而放松的心情，还是对其有所影响。

我们甚至能主动控制呼吸。

譬如能加深呼吸、延长呼吸时间、稍稍屏住呼吸等；也能通过各类呼吸技巧，有意识地进入适于安静冥想或能量百倍的状态。在做瑜伽或其他自律训练时，我们便能从中受益。

不过，呼吸和声音之间到底有什么联系呢？发声过程又是如何、在哪里进行呢？

第二部分：横膈膜与共鸣腔

大家都听说过横膈膜吧？——这层强有力的呼吸肌分隔开胸腔和腹腔，并承担起我们在静止状态下呼吸所需的60%～80%的肌肉工作。在呼吸间歇的松弛状态下，这层3～5毫米厚、由肌肉和神经结构组成的薄膜层就像一个半拱形的降落伞一样，松垂在我们的腹腔之中。

吸气时，横膈膜收缩、下降。此时，肺部由氧气填满，胸腔相应扩大，腹部向外鼓起。横膈膜此时向底部成拱状。

呼气时，呼出的废气则会通过喉头排出。我们的喉部是气管和鼻咽腔间的纽带，平时摸到的喉结就是它。它对我们的发声器官起着保护作用。

如果我们确确实实"安静下来"，也就是不说话、不发出声音的话。此时，二氧化碳便可以不受阻地穿过位于喉腔声带之间的声门裂，经由口部或鼻腔从体内排出。

在功能健全且没有发育障碍的情况下，人类作为喜爱沟通与交流的生物，生来便有与对方沟通的意愿，以此达成理解上的共识。喉腔的肌肉群便会为此目的闭合声带，呼出气体冲击声带使其振动，声波便由此产生。此时我们的耳朵感知到的便是它了，或者说是随之产生的音量及音色。

首先得记住了：吐气振动发声。

声波会从所谓的"共鸣腔"内传播出来。这里的共鸣腔指的是广义上我们体内所有中空的结构（有一个良好的声音共鸣可不代表脑袋也是空空）。主要的共鸣腔有胸腔、咽喉口鼻部分以及颅腔。

根据共鸣腔打开程度的不同，我们的声音也会随之变化。最显而易见的就是，当我们感冒时，流鼻涕造成的鼻塞会堵住通道，于是便少了一个共鸣腔，声音自然而然完全不同，这时大家说话就带着鼻音。

第三部分: 大自然的鬼斧神工—— 发音器官

声波是制造出来了，但我们的任务还没完成。我们的发音器官此时得派上用场了——舌头、口腔和灵活的下颚。这些器官主要负责将发出的声音变成可理解的字句。各种发音器官参与发音的程度，便是我们日常中说话是清晰好懂还是含糊不清的关键。

请记住：说话是通过呼气振动，再利用特殊发音方法造句而成的。

而说到语言能力，这就真的是大自然的鬼斧神工了。

说到底，我们是唯一能用言语来表达自己的哺乳动物。在智人演化的最后发展阶段中的某一时刻，我们的喉部滑移到了下方，从而给了舌头更多的发挥空间。如果没有舌头的话，我们虽然还能发声，但不能发音造句。大家不妨将手指紧贴在舌头上，再看看自己能否说话。

怎么样，你成功了吗？还是也说不出话来？好了，现在在大家都亲自尝试过，知道其原理之后，新的问题来了：那所谓的核心肌群在其中又起到什么作用？为什么我们应该试着让呼吸训练成为日常生活的一部分呢？

第四部分: 核心肌群及规律锻炼的必要性

跟其他肌群一样，发声肌群也需要通过有规律的训练来保持一定强度及灵动性。大家肯定也有过好些日子没怎么舒展筋骨，而出现筋骨僵化这种不舒服的情况。

你说不定还有如在孤岛般，好几天没和任何人说话的经历？在好久不说话后突然要开口，是不是出乎寻常地让人疲累？不过，若是在嗓子早已不堪重负的情况下，有这么一个不需开口的休息片刻，也可以说是让声音到五星级豪华酒店去度假的好机会。

针对肌群有意识且有规律的专项练习，能帮助其保持灵活的状态，同时也能锻炼它的强度。这里再一次佐证了，声音和我们的身体是密不可分的。声音和我们的头脑同样也密不可分，这一点稍后会谈到。现在再看看我们另一个主题：核心肌群。这个整体部分主要由背部、盆底及腹部肌肉组成。

在横膈膜自在伸缩，以让我们能又好又快地保持呼吸状态时，核心肌群则负责让横膈膜能长时间保持激活、下降的状态。这又有什么好处呢？—— 我们正是借此才能在说出很长的句子的同时，既不需要中途休息，也不需要急迫地大喘一口气。通过强化核心肌群，能调高说话音量，甚至可以大声尖叫，也不会因此使喉咙哑掉。

在我们遣词造句时，核心肌群就像弹簧床一样从下方给我们的发音助力。发出的音节便如羽毛般借力冲上云霄，在空中回荡。你也可以把它想象成一个喷泉：喷泉下方的能量源源而来，将地面的水强有力地喷射到空中，划出曼妙的水之舞。倘若我们将"能量之源"关上，这场华丽的歌舞秀也会随之崩塌。

声音和核心肌群之间也是这样运作的。如果忘记激活核心肌群的话，我们呼出的气流就会随之垮掉，由此发出的声音自然也是软弱无力的。这时我们常常喜欢给喉头施加压力，想以此替代本应从核心肌群所借之力。这样做不仅不方便有效，也不符合我们发声器官的人体生理学规律，还有可能给发声器官带来不必要的负担，长此以往便有可能会给我们的声音带来伤害。

如果想要拥有铿锵有力的声音，那么大家就得从下面几条入手。

想必我们已经成功说服你了吧？你做好迎接第一个声音训练的准备了吗？

🎤 声音训练

感受呼吸

当大家在电车里或在公交站台坐着时，或者是骑在自行车上，又或坐在车里等红灯时：请注意一下你自然状态下的呼吸节奏。注意观察一下，胸腔是何时升、何时降的？呼气和吸气之间有停歇间隔吗？你是进行深度呼吸，还是只浅浅地将气流注入双肺中？

现在再让我们延长呼气时间，将注意力集中在身前大致同眼睛高度持平的一点上。缓慢而平稳地排出肺部的气体，"嗖嗖"地发出呼气声。你可以想象，面前有一个小小的风车，而你正想要让它均匀地转动起来。保持安静与集中的状态，重复这个步骤2～3次。

这个练习能完美激活横膈膜与核心肌群，好让我们为接下来"多话"的一天做好准备。这同时也是针对呼吸肌的一个小小的耐力训练。此外，这个训练能帮助集中精神。倘若你在漫长的工作日中再也无法集中精神时，记得让自己下场休息一下。享受一下这"嘶嘶"的呼气声所带来的片刻放松。作为备选，我们也可发出"呼呼"的呼气声，稍做些改变。

激活横膈膜

让我们再加一些量。把双手放在身体正中央，大致在肚脐上方的位置。或者也可以将双手分别放在后腰左右两侧。现在想象一下，我们的身前出现了一只野猫。为了驱赶它，请发出"去，去，去"的声音。怎么样，你能感觉到腹腔的运动了吧？这么做能让人具体感知横膈膜的升降。每说完一次"去"——每一次呼吸脉动后，横膈膜都会回到初始的位置而成拱状。

那么再让我们带上些节奏，逐个念出以下声母："s s s，t t t，f f f，p p p，shi shi shi，k k k。"每个声母都由强有力的呼吸脉动支持，试着保持上下跳动、稳定的节奏。重复练习5～10次，并逐步加快速度。

这个训练可以高效激活横膈膜，使其变得灵活有力。相对于刚才说到的耐力训练，这项训练则更像是一个小型间歇训练了。

如果担心路上或电车里遇到的路人会因你"诡异的呼吸声"议论纷纷的话，其实还有另一种无声训练方法：只通过鼻子短而急促地呼吸，好似想要把面前一张揉皱的纸团吹走一样。每组训练需要短促呼吸10次，共做3组。

另一个与之相似、可以用于锻炼横膈膜的卓有成效的方法便是"开怀大笑"。让人笑的方法有很多，但实在笑不出来的话，不妨逗逗自己，或者看些网上关于猫猫狗狗的搞笑视频等。笑不仅有益身心，还能同时振动横膈膜。

人们常说的"笑得肚子都痛了"就是由此而来。

在即将进入办公室前，喝下我们为大家调配的这杯"内啡肽鸡尾酒"，保证能让你活力四射、笑容满面地踏入办公室的大门。

长度是关键！谈谈喉结、声带和青春期男生的那些事

大家有没有好奇过，为什么男性的喉结比女性的要大且突出得多呢？这就与"长度"密不可分了，更准确来说是和声带的长度密切相关。声带位于我们的喉部，由声带肌肉、声襞及其周围细小的上皮组织构成。

虽然在年少时，男孩和女孩都配有差不多的"初始装备"，但男生的喉结在青春期时会长为原来的2倍大，女生的喉结只会多出原有的1/3大小。也就是说，男性的声带显然需要更多的生长空间。此时甲状软骨会向前突出，这就是我们日常所说的"喉结"了。

正是因为喉咙里所发生的这一系列变化，男生会进入变声期。在发声系统完全发育并校准好前，是需要一段时间的。因此，在调整好之前，一些情境下出现的时高时低、整体趋向沙哑的奇怪声音便也不可避免。

我们再来讨论之前说过的长度，并同时加上"厚度"这个话题。总体来说，我们的声带越长，所发出的声音就越低；而声带越厚的话，所发出的音色则更深沉而厚重。

所以低声部的男士八成都有个又长又粗的强壮声带，振动缓

慢。相对来说，那些女高音的演唱家清脆、高亢的声音背后，则是由于她们的声带又细又短，振动频率很高。这下大家明白了吧?

第三章

毫不费力地
过一天

教你如何组织日程，
判断需求优先级

地点： 办公桌
主题： 日程安排

你春风满面地向门卫大叔点头示意，跟最喜欢的同事打了招呼。乘上电梯，又或者是爬了几层楼梯，也可能直接推门而入，到了自己的办公桌前——现在，一天的工作正式开始了。不急不忙，先是灌下一杯满满的咖啡（或者其他能量饮料或提神药丸）。然后打开电脑，开启所有工作所需要的专业设备。

你可以用一小会儿的时间，通览一下全局——今天想要或者"必须"完成哪些任务。你听过来自东方的一句箴言吗？——"欲速则不达。"即便是在安排得满满当当的工作日，这句话也是蕴含深意的人生信条！所有那些催命的电子邮件、截稿日期，还有想要开会谈事的同事……都暂且靠边站。

要是给接下来的一日行程建立起秩序，人就不会在满是待办事宜的密林里迷路了。人们若是不能在自己的地盘做主，对局面失去控制，便最容易产生压力。以下一些小贴士能让你判断事物优先级，玩转庞大信息量。与此同时，不需要有多余的担心——你随时都可以调整、改变短期的各项策略方针，像原始森林里的藤蔓一样懂得灵活变通。至于秩序和我们的身体与声音具体有什么关系，下一节便可见分晓。

🧠 大脑训练

精通组织任务

你或许听说过"艾森豪威尔矩阵"？它以一位美国前总统的名字命名。据说，他对这个时间管理方法不仅身体力行，更是将它推介给身边一同工作的人。

首先，我们需要把待办事项分为四个类别，如此一来便可以决定哪些事情需要先完成，又或是想要先完成。

分门别类主要根据两个基准：首先是任务的重要性。什么是重要的呢？"重要"其实就是和你的目标密切相关的任务；而"不重要"则是所有和已定目标不相干的任务。

这不还是老一套吗？

但接下来艾森豪威尔的第二个判定基准"紧迫"就要登场了。一个被判定为"紧迫"的任务往往正如字面意思一样，受到时间流逝的胁迫。譬如有顾客催促、同事告诫监督、老板连天抱怨……倘若任务在近期不是必须要完成的话，那就应该将其定义为"不紧迫"。

只需凭借这两个评判基准，我们就能将每日各种任务根据横轴和纵轴分类，划分在四个不同的矩形中。

现在阅读本书时，你不仅能熟识古希腊人传承下来的记忆方法，还可以利用到自 20 世纪 50 年代流传至今的艾森豪威尔矩阵，你会体会到它们的经典之处的。

下面作为入门示范，我们给大家展示一下如何决定待办事项属于四类中哪一个矩阵：

▶ **重要而紧迫**：第一优先级。对于完成度来说，这些任务就像暗黑隧道中闪烁的火光一样至关重要，帮助我们逐步接近目标。所以最好能够优先并由我们独立自主解决。"速战速决"，这句说到厌的老话在此自然也适用。

- 紧迫而不重要：虽然任务需要迫切完成，但应该还不需要你亲自出马。或许你可以试试看把任务委托给别人？

- 重要而不紧迫：请独立掌舵完成这些任务，它们对于目标完成度来说很重要。使用这个矩阵方法的好处就是——就算现在要以天或以周为单位将各种事项向后推迟，你也不用良心不安了。但是要详尽地制订计划，最好是确立一个具体的完成时间，否则那些重要的任务就会被甩到脑后。

- 既不重要又不紧迫：大家想必注意到了，最后的这个分类就是为了给我们的计划减负——放下。这里所指的任务是一些与我们的目标没什么关系的各类安排。此刻的重点是，要什么时候完成它们并不重要。那么就不如抛下心中的疑问，先放下这些事。这也许正是你学习去"放下"这些并无裨益之事的大好机会。

　　要是谁还紧皱双眉，对这个美国总统级别的时间规划方法仍不满意，我们也可以理解大家的批评质疑。究竟我们要怎么根据自己的个人意愿公平地决定，什么是重要的或什么是紧迫的任务呢？实话实说，这个来自"二战"时期的计划决策方法也不一定适用于今日相较和平的"办公室战场"。但我们至少能借助这个矩阵，给接下来的一天框定一个简单易懂的减负性结构。

身体训练

坐如钟

　　我们的身体和日程结构分配、资讯超载及超负荷行程等问题又有什么联系呢？其实，这其中的关系可比大家猜想的要多得多——简单地给身体制定一些结构，譬如坐在办公椅上时，让全身由下而上——上至让背部与肩部都挺直起来。这么一个简单而智慧的小动作，就已经能极大改变身体了。

有意识地坐直坐正并不是让大家像个玩具兵一样立在那儿，也不必像一个呆板的木头一样硬邦邦的，当然更不是像一个刚被训过"背要挺直"的孩子一样可怜兮兮地挺在那儿。这么做是为了让你在静止坐立的状态下也可以锻炼背部的肌肉。在下意识地挺立后背时，肌群即使在坐立状态也在开工训练。此时只要让肩膀自然下垂，再稍稍向内拉紧后肩、适度伸展扩胸；双脚落在地面上，与肩同宽；臀部稍稍向前，只需要坐椅子约 1/3 的面积；大臂与桌面的夹角大约应为 90 度。最后，不要忘记下意识地掌控呼吸节奏，给自己一个微笑——这下就完美了！

盆骨跷跷板，拥有灵活后背

除了需要注意保持脊柱挺直以外，时不时改变坐立的姿势也十分重要。坐着的时候，偶尔让盆骨向前或向后倾斜可以使脊柱保有灵活性，对其下半部分尤其有效。接下来的这个练习也被称为"盆骨跷跷板运动"。

吸气时将盆骨向后移、挺直脊柱；呼气时则有意识地让后背向前伸展，盆骨前移。我们也可以从椅子上先后抬起、放下一侧的盆骨，之后两侧交替进行。这样左右交替的跷跷板式运动，让我们在静止状态下也能保持身体的灵活性。

第一次做这个运动的时候，相邻的同事可能会不

由自主地问你是不是尿急。这时只要稍加解释一下让后背动起来的动机，以及不做的话可能会出现的后果，或许你还能多出几位"运动伴侣"呢。

说不定你还能邀请办公室的同事们再一起来几个"如释重负之叹"。这样做能最大限度放松后颈及肩部肌肉，将"办公室之魂"彻底从重压中解脱出来！吸气时我们需要朝耳朵方向抬高肩膀；呼气时要刻意让肩膀自然而松弛地下垂，再叹口气。要是能叹出声音来就更好了。保证见效，有助于从压力中解脱！

脊柱——我们的能量通道

不管是对小猫小狗还是对人来说，脊柱都是一样的：它自上而下——从头颅到骶骨——和各个关节相连，为我们的身体每时每刻都起到支撑作用。

通过有意识地矫正坐姿来激活、挺直腰杆，就能避免很多运动中经常出现的障碍和轻微的疼痛。

放松腰椎间盘也一样很重要。我们的腰椎间盘在每日活动中会受到身体重量的多重压力，在坐着的时候尤为显著。对于一个体重为 75 公斤的人来说，其腰椎间盘所承受的压力便已是 180 公斤级的重量。由此，做一些转体瑜伽练习能促进腰椎间盘及脊椎的气血循环。

椎间盘发挥缓冲垫的作用时会受到很强的压力，我们在后面的篇

幅中介绍"椅上转体"的时候会谈到这一点。这个运动能逼出我们体内的废弃物质，起到为身体排毒的作用。如此在放松运动的过程中，每当转体之后重新回到脊椎所处的初始位置时，便能更好地获取、吸收其周边的营养物质。

🎤 声音训练

现在你是否已经迫不及待，想要知道我们将展示什么样的声音技巧了呢？这回可不需要久经沙场的艾森豪威尔的声声军令了。毕竟，若是想让谈话对象能听懂我们所说的话，并不取决于拥有练兵呼号时那样震耳欲聋的音量。我们只需在说话时给语言勾勒出清晰的轮廓并润色一下，其他人就会竖起耳朵认真倾听了。大家没猜错，接下来我们就要继续讨论发音技巧。

人喜欢避免各种艰难险阻是天性使然，在发音的时候我们自然也不会反其道而行之！我们的嘴、舌头和下颚更倾向于能少动就少动一些，因此我们在说话发音的时候便常常吞掉一些音节，以至总让人感觉"听不懂在说什么"。

大家不必再沉迷于什么职场人际关系指导书，也不必再斥巨资去上各种人生导师的课程了。更重要的是，你现在要开始身体力行，把原本乱成一团的说话习惯提炼清晰。接下来的小小练习能帮助大家改掉说话时的惰性和吐字不清的坏毛病，从而调动各个发声肌群。

脸部保健操

脸部保健操不仅适用于演说家、演员及歌手，更适用于想要预防脸部肌肉僵化的模特们。这就更有理由让我们定期对其进行训练了。

首先请嘟一会儿嘴，然后再咧嘴大笑，多次更改嘴巴的形状。然后尽可能地张大嘴，让舌头尽可能伸长。保持这个状态几秒钟，好好享受一下伸展的乐趣。闭上嘴后用舌尖绕着前面的门牙做顺时针运动。每 3～5 次后更换一次方向。

吐字训练

我们现在来继续做这个既有无声部分，也有发声部分的吐字训练。它既适用于独处的时候，也适用于在办公室进行练习。

现在试着读出下面这句话，过程中请别忘记要强调嘴巴和下颚的运动。试试看用不同的音高读这段话，每次重复时适当加快速度。请注意要准确地发出元音及辅音的音节，后者对于主要音节中元音的清晰发音以及体现元音变化起到重要的作用。

红凤凰 – 黄凤凰 – 粉红凤凰。[1]

卡儿、卡儿、卡儿、卡儿、卡儿

那儿、那儿、那儿、那儿、那儿

拉了、拉了、拉了、拉了、拉了

爱了、爱了、爱了、爱了、爱了

打了、打了、打了、打了、打了

咩着、咩着、咩着、咩着、咩着

---

1 原文是 "Blaukraut-Bleibt-Blaukraut"，是德国众人皆知的绕口令。此处改为中文对应版本。——译者注

红凤凰 — 黄凤凰 — 粉红凤凰

略了、略了、略了、略了、略了
不呢、不呢、不呢、不呢、不呢[1]

　　做完以上练习后，你已经做好准备来迎接每日交际舞台上的各种沟通交流了吗？还是想要再做一些专项练习？针对那些还想再多训练一些的人，我们现在就要迎接发声训练之母——绕口令了。让我们从最简单的一些训练开始，并多次重复各项练习。

红凤凰、粉凤凰、红凤凰、粉凤凰

现在再到最经典的：

吃葡萄不吐葡萄皮，不吃葡萄倒吐葡萄皮

让我们再用上英语，国际化一些：

Red berry, yellow berry, red berry, yellow berry, red berry, yellow berry

　　你有没有说得磕磕绊绊呢？如果有的话，练习就起作用了！每天只需要 3 分钟的练习时间，之后的吐字便会更有轮廓感，声音也会更强有力。

　　多说一句。如果能清晰吐字的话，大家就可以毫不费力地说话，完全不需要通过提高音量来让听众听懂。设想在你的左边有一幅由又粗又黑的勾线笔画成的画，而右边则是由淡淡的水彩笔画成的。从远处看，你看哪一幅更清楚呢？没错，自然是那幅黑色勾线笔画的画更清楚。理解这个比喻后，我们就更应该进行吐字训练了吧？

1　这些绿色字原为适用于德语使用者的吐字训练，此处全部改写为适用于本土的中文对照版本。——译者注

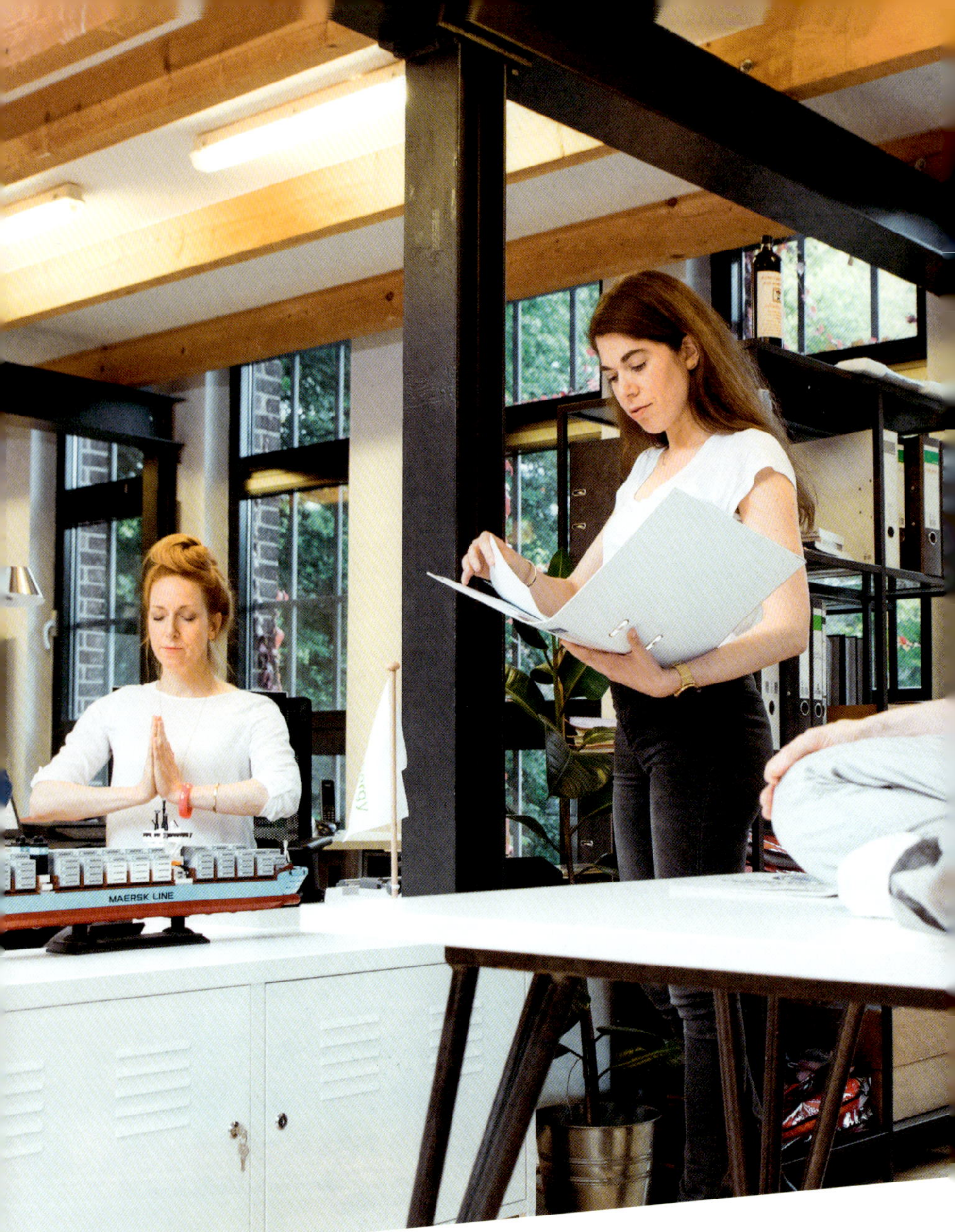
MAERSK LINE

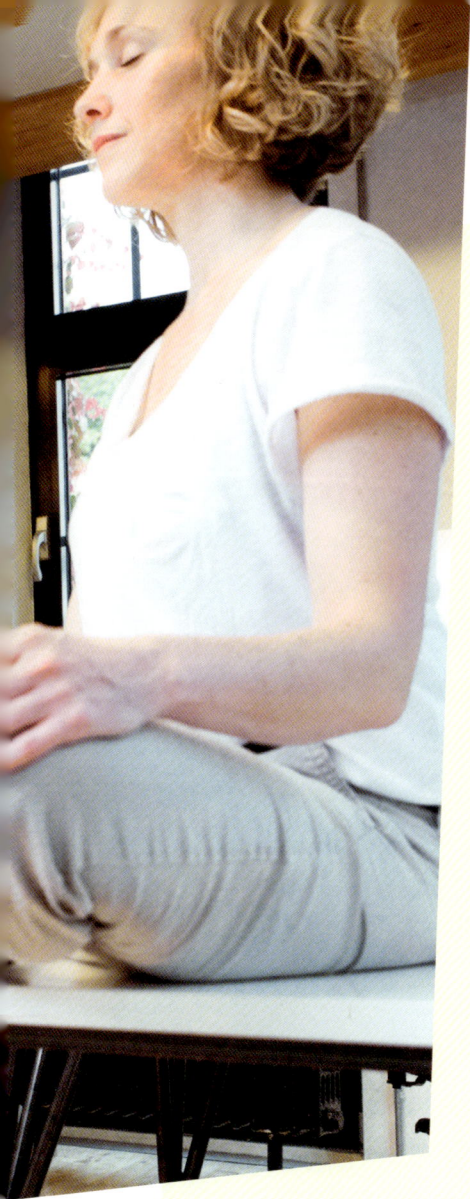

第四章

办公室之
施工现场

在噪声环境下
保持注意力

地点： 办公室
主题： 注意力

不管你现在位于什么地方——无论是身处家里一个静谧的小房间、可供冥想的一人间办公室，还是与另一个同事共处一室，又或是与一群人挤在一个巨大的写字楼里，我们都要时不时地被挑战注意力的极限，和来自各种各样的人及机器的背景噪声进行抗争。

隔壁同事七嘴八舌，发出各种声音；电话也"丁零零"响个不停；各种电子设备还不停发出各种各样嘈杂的声音——某个同事不知怎么把猪叫设成了手机提示音，那个实习生的电话铃声怎么这么像夜总会音乐……在这种情况下，要保持我们的注意力可并不容易。

是要严格限制日常办公室的各种噪声、在耳朵里卡上耳塞，还是时刻戴着降噪耳罩呢？——这些都不是能促进同事之间的沟通与活力的良好解决方案，而只能改善自己一人的专注程度而已。那在必须要听背景噪声的情况下，我们要采取什么样的措施，来保证自己能全神贯注地工作呢？

大脑的运作——
关于工作记忆、长期记忆和大脑边缘系统

短期记忆也常被简单称作"工作记忆"。大脑中的这个区域专门负责我们常说的"定格"及应激能力。我们反应理解一件事，再对其付诸实践，而后进行记忆、理解并将其用自己的话表达出来。这个步骤需要多长时间呢？

用于最大限度完成各类日常工作所要进行记忆的事物，在记忆系

统中可以被笼统地分为三类——瞬时记忆、短期记忆及长期记忆。其中瞬时记忆也被称为感觉记忆。

所以，在我们脑海中的事被各自储存到某一个记忆板块又是取决于什么呢？记下来的事又是怎么逐渐被淡忘的呢？你还能想起来我们前面所介绍的"Loci 位置记忆法"吧？接下来将以之为辅，简单地介绍一下各类事物又是怎么被瞬时记忆吸收的。

我们所接纳的各类信息不管是什么种类，都会经由各类感官进入负责瞬时记忆的感觉部位。不论是关于核物理学的全新知识，还是一个网红在社交媒体为一双鞋做广告宣传，皆是如此。而这之后信息便会通过大脑边缘系统，进入短期记忆区，进行工作记忆的保存。

对于含有越多感官体验、越情绪化的信息来说，它们被人遗忘的概率也便越低。其中的情绪可以是荒谬、尴尬、伤心、有趣、恶心、可笑等各种或好或坏的情绪。前面我们提到的"9·11"事件以及"婚礼当天的天气"便可作为案例阐释。这些高度情绪化的信息通常不走弯路，直接便能转化为长期记忆。

若是走寻常路的话，各类信息通常在进入大脑边缘系统后会先转化为短期记忆。这里就又有两个选项可供选择了：或者记后即忘，或者转为长期记忆。

短期记忆的容量大致为 7 ± 2 个元素。对我们的大脑来说，这些"元素"可以是名字、数字、句子，或者是各类知识，这些信息会被捆绑储存在神经束中。此时需要记忆的东西越多，记忆的过程就会越难。由此，使用记忆训练的人便能得以收获回报。

对于我们的记忆起到关键性作用的是工作记忆区，其工作处理速度更是尤为重要。通常情况下，产生记忆的时间为几分钟到好几天不等。

下面是短期记忆的"工作过程"：

▶ 由感觉器中提取需要记忆的信息
▶ 转译信息并将其转化为长期记忆
▶ 对长期记忆中的信息进行解码

我们在接下来的一个章节中会具体讲到，拥有一个由短期记忆至长期记忆的良好的信息转化过程的重要性。

据德国《时代周报》网刊于 2006 年 11 月 9 日的报道，计算机科学家格洛里亚·马克（Gloria Mark）在她 2004 年的研究中发现，在办公室里工作的员工平均每 11 分钟就会被打扰一次。再过十多年，我们能全神贯注工作的时间甚至还会更短。

在当时的研究中，格洛里亚·马克还发现：被干扰的员工或那些同时需要完成多项任务的员工，将注意力重新放到早先的任务上，往往需要 25 分钟的时间。在被干扰时，往往新的任务又静悄悄（或大张旗鼓）地向人袭来。

等到注意力终于回到原先尚未被干扰的水平时，8 分钟已经过去了。只要再"足足"等上 180 秒，下一个干扰源就又来了。"好效率"就是这么来的！

总而言之，如果能掌控自己的专注度，便能轻松击退办公室中各类干扰我们的"敌军"。这不仅有助于身心健康，更能大幅提升工作效率。

至于人们常认为大脑喜欢同时进行多项任务，并且天生适于如此，更认为这还是女性的专长之类的，都只是流言罢了。现实与之恰恰相反：我们的大脑喜欢全神贯注于一项任务。

其实从语法上来说这就已经很矛盾了，也有个别人在"专注"于多项事情的时候会感受到肾上腺素带给他们的忙碌的快感。但实际上，他们的效率却是直线下滑。这一点已经由来自美国的精神病学家爱德华·哈洛韦尔（Edward Hallowell）证实过。他还将注意力的分散归结于我们的特质之一。在他看来，公司应该给员工们足够的思考工作时间，好保障员工的身心健康。

那要怎么做到这点呢？难不成要将员工集中办公的写字楼办公室全部改建？——我们的建筑师大可不必担心，自然也有不需要改变任何建筑结构的更简单的方法。

大脑训练

番茄工作法

意大利语中番茄一词是"Pomodoro"，因此番茄工作法也被称为"Pomodoro 工作法"。这个方法的发明者弗朗西斯科·西里洛（Francisco Cyrillo）在年轻的时候，就用一个番茄形状的厨房计时器来规划自己的时间。该方法分为以下五步：

1. 在一张纸上写下所要完成的任务；
2. 给自己定一个 25 分钟后会响的计时闹钟；
3. 直到闹钟响前专注于眼前的任务；
4. 休息 5 分钟后继续完成任务；
5. 在四个"番茄单位"后让自己休息 15～20 分钟。

这个简简单单的小技巧便是通过多次分散较短的休息时间，来提升大脑的灵活性。更详尽的内容可参见斯德芬·诺特贝格（Staffan Nöteberg）的著作《番茄工作法图解》[1]。

此外还有一个很简单的小贴士——对他人合乎礼仪地说声"不"。如此一来，我们工作中消磨时间的事与各种"第二战场"都会大幅减少。你不需要每次都为满足对面那位同事每个愿望和请求而做个老好人，眼睛都不眨地接下对方的任务。在对方提出一些无关紧要的小事的时候试着说声"不"。你准会惊奇地发现，只是动动嘴唇说出这短短的一个音节，就能为接下来的一天减少很多负担。不要因为别人给你贴上"勤劳的小蜜蜂"或"任务终结者"的标签，而让他们轻易在你本已不堪重负的写字桌上，再添上一份新的项目计划书。大家也不要杞人忧天，即使说了这个"不"，那位同事还是会继续喜欢与你共事的。

从乐观主义者的角度来看，大办公室并不像一个常年施工的大马路，除了嘈杂什么也不是。它其实还是会给我们带来很多好处的。比如，和同事们在空间上的距离一下子被拉近了。作为热爱运动的我们并不是在提倡能少走几步路的好处，而是注重于这类办公场合所提供的沟通便利性。共处一室的同事能相互激励、交流、开开玩笑等。同事之间若能做到尊重他人，在工作上学习对方，而不仅满足于唠唠家常，便能营造出同舟共济的工作环境，使每个人都从中受益。

再者，我们还可以通过种植一些较大的绿植，或是设置移动隔门，合理且实际地通过阻隔噪声来源来达到神奇的降噪效果。

说了这么多，到底要怎么做才能让我们的身心即使身处遍布噪声

---

1 本书中文简体版于 2011 年由人民邮电出版社出版。——编者注

的办公室"大型施工现场"，还能保持平静与专注度，不受各种人为及电子噪声的干扰呢？

✖ 身体训练

给双眼放个假

　　不管是每天都要紧盯四四方方、发着光的电脑屏幕看，还是需要读很多纸质文件——我们都要通过双眼来集中精神，提高注意力。不过，我们亦可以闭眼，轻松地从工作中抽身而出。

　　当工作中出现困难时，不妨给自己一小会儿歇息时间，至多是几下眨眼的时间。让我们通过按摩眼睛，简单、快速地进入更为平静的状态。

　　只需要短短几分钟的按摩，我们就能给自己开辟一条明路，达到自主放松的效果。以前上学的时候，受到各种压力，感到一切都太难而无趣时，你肯定还记得，自己会不由自主地趴在桌子上，用双手紧紧盖住脸的反应。这其中能宽慰我们的，即孩提般的简单想法——"我看不见你，你也看不见我"。

　　这个按摩方法与通过睡眠让双眼得到休息也不尽相同。不只是视觉系统，还有整个神经系统及眼睛内部的血液循环，都能借此相互协调。眼科医师威廉·贝茨（William Bates）便是这个方法的发明人。

　　现在让我们正式开始吧。请舒适地坐下并将手肘抵在桌面上。搓搓双手，让它们相互摩擦。而后再闭上双眼，将手放在眼前。掌心覆

盖住眼睛上方，且成弯曲的碗状。两手相互交叠盖在额头上，手指自然倾斜。但此时先不要让手直接触碰到眼睛，也不要施加任何力。只需放松地用丹田进行深呼吸。

每次呼吸的时候你都会变得更柔软而轻松。让各种烦恼、压力、重负以及身心的疲惫都轻轻地随着呼出的气而去吧。同时，记得放松肩膀及脖子。闭上双眼，让前额保持平缓而舒展的状态。

只需要短短的几分钟，或者你也可以根据自己的感受，选取一段或长或短的休息时间。这之后请你小心地睁开双眼，轻轻地眨眨眼睛。如果你的眼睛已变得些许湿润，那就再好不过了！办公室里常年的空调环境以及由各类电子产品、计算机屏幕里发出的光往往会导致干眼症，引起"过劳眼"的症状。

如果想在放松的时候离写字桌远一些，只需要反方向坐在椅子上，将前臂及胳膊肘放在椅子的扶手上，便可以又快又好地使用这个放松秘诀了。或者我们也可以简简单单地坐在写字桌前，闭上双眼，通过闭眸来渐渐回过神。

不管是在职场还是在家中，我们都需要和身边的人互动交流——必须得遵守礼仪，要时刻面带微笑，赞同别人说的话并记得感谢别人。但若真想要敞开心扉，真正开心地面对顾客、同事，或是在家笑对孩子的话，最重要的是，要能给自己一个小小的"顾客反馈"时光，聚焦于当下的自己。所以闭上眼吧！

🎤 声音训练

共鸣练习

在声音的范畴内，我们也可以做一些让人在噪声环境下还能保持注意力，或者说能让人快速地重新找回注意力的事。这里的魔力关键词便是——共鸣练习。

这个练习不仅能完美提升注意力，更能切切实实地给我们开个嗓。对于那些既想要让自己的声音威震八方，又什么也不想付出的人来说，再精致小巧的练习也没办法为其指出明路。

以 m、n 及 ng 为结尾的音节在这里是练习关注的重点。这些是被调适过的音节，对于身体内部的各种器官及神经系统有着如同按摩一般的神奇效果。练习它们也不需要发出很大的声音，可谓好上加好。而其他的音节往往都会发出声音来，在办公室进行训练可能会比较尴尬。若是被同事发现，你说不定还会因为"噪声污染"而被"放逐"到地下室里。

做这个练习的时候，我们可以自在地闭上双眼，坐着并挺直腰杆。将注意力放在双眉间一个想象出来的点上。放松下颚，通过鼻子吸气、呼气。如果想感受更深入的话，也可以将一只手放在胸骨上。

现在试着用一个适合自己的音高发出"mmm"的声音，保持这个音高几秒钟。想象一下，要让声音贯穿你脸前的"面具"，穿透口腔、鼻腔及前额。当然不要太用力。

有没有感受到下颚和头盖骨之间轻微的振动？某些音高也可能让人觉得喉咙、胸腔及后背上部有点发痒似的？如果有这些感觉的话，那么恭喜你，你做对了！

重复这个练习3～4次，逐渐改变发声的音高。接下来的一步就是要让我们的声音从下而上，再从上而下尽情滑滑梯。这其实跟我们在第一章所提到的"滑动声音"类似。现在张开嘴，再次以"nnn"这个音节继续这个练习。

现在已经风雨骤停，你得以在办公室享受一个人的平静？那就正好是进行下一步练习的时候了。让我们在脑海里设想一顿饕餮盛宴，它让人垂涎欲滴。你可以自在地展现出对食物的满足与喜悦，响亮地发出声声赞叹——"么么么么"。

每发出一个音节，都像在用一个小汤匙将美味佳肴送到嘴里一样。特别要强调的一点是，拖长每个"m"的音节。在几次重复过后，让我们换一个音节"康、康、康、康"。只需要保持一个单调的音高就好。

这个练习或许让你不由得想起瑜伽中的音律"om"？或者是想到念经时的祷告声？这可不是什么巧合。固定的音节组合能对人体产生各种效果，这已是代代相传的知识。很多不同的文明体系、宗教及民俗文化都充分利用这个知识，让人能达到更有意识的状态——不管是变得更安静的冥想状态，抑或是更积极的进攻模式。

与元音 o 和 u 一起组合的音节往往具有镇静作用；而 i 和 e 常常让人更有活力；元音 a 更是风格迥异——就像第一章一边做"泰山式动作"一边发声一样，毕竟没有比大声吟诵或是静心倾听那声"呀——"更曼妙的事了！

你不妨打造一个自己的专属"经文"。先试着用不同的元音发声，感受其对于我们身心及所发声音的影响。下一步中再试试 ei、yue 及 ü 等韵母，还有各类声母，如 b、p、j、k、d、t、f、w、r、s、shi、chi……现在就让我们当个音律学家，用感觉给每个音节组合赋予其独有的音韵色彩吧。

我的身体是样乐器？
关于共振原理、吉他与歌星

　　大家还记得我们在第二章做过的声音拓展训练吧？在那一章我们初次介绍了"共鸣腔"的概念。德语中的"共振"一词为"Resonanz"，源于拉丁语中"回响""回音"一意。我们在声音训练中所谈到的共鸣腔，指的就是身体中能允许声波通过回音共振在空腔中传播的地方。这里较相关的则主要是胸腔及颅腔。

　　如果把我们的身体比作一个乐器，或者更确切地，拿琴身打个比方。经振动的琴弦发出的声波需要在琴身中久久回荡，这才能发挥它完全的音效。如果细细听过尤克里里这个乐器的声音的话，你准会发现一点：虽然这是一个非常曼妙的乐器，但囿于小小的琴身，其音域及音色的多样性并不大。而一把琴身较大的声学吉他则往往有更广泛的音域，音效也更有穿透力。

　　再举个例子吧：你八成也注意过在不同的周遭环境下，你的声音也听起来不同吧？在一个天花板很低还铺满地毯的房间里，你的声音会听起来像垮下去一样，沉沉闷闷的；然而在有高高屋顶的教堂里，声音扩展开来的方式则完全不一样——我们可以毫不费力就让声音响彻整个空间。即使你此时一声也不吱，刚刚发出来的声音还是会逗留在空气中几毫秒。

　　我们每个人身体中共鸣腔的大小及形状是早已由基因决定了的。有的人胸腔宽阔，有的人较为窄小；有的人鼻梁高挺，而有的人常年鼻塞；有的人脸大，有的人脸小……根据不同的身体构造，我们的共鸣腔也或大或小。

但这并不代表，我们现在对共鸣腔的成音就无能为力了。除去由先天决定的基因因素，后天使用共鸣腔的方式也十分重要。如果处于身心很松弛的状态，声音的共振便会变得很大，就算不用麦克风也能发出很大的声音。

音色也会根据我们使用共鸣腔的方式而有所不同。感冒发烧或是鼻塞时，声音的变化都显而易见，听起来也很不一样。

一些声音大师可以利用共鸣腔的开合，有意识地玩转声音。在借此创造出特殊音效的同时，也让自己的"独特销售主张"（USP）[1] 与之耦联。你能想象乔·德莱尼[2] 没了独有的鼻音后，唱歌会是什么样子吗？

大家都能想起来美国歌手安娜斯塔西亚（Anastacia）的那首歌《我爱失控》（*I'm Outta Love*）吧？这是一首让人过耳不忘的歌。她在歌唱的时候缩紧喉部肌肉，从而产生出一种像是含着什么东西在唱歌的感觉。有的人还觉得这就像《芝麻街》中布偶角色"大青蛙科米"的声音。至于好听还是难听，就是萝卜青菜各有所爱了。

但倘若大家并没有转入摇滚明星这一职业的打算，也更喜欢在商业上与人打交道的话，那么我们还是更建议，要用自己最真实动人的声音，大胆开放并活力十足地与人交流。通过一些针对共鸣腔的训练，便能充分拓展声音中所蕴含的魅力。

---

1 "独特销售主张"（Unique Selling Proposition）是由美国广告界大师罗塞 · 瑞夫斯（Rosser Reeves）于 20 世纪 50 年代所创立的销售理论。——译者注
2 乔 · 德莱尼（Joe Delaney），富有磁性鼻音歌声的德国歌手。——译者注

第五章

他叫什么来着？

轻松玩转
名字与数据记忆

地点： 办公室走廊

主题： 记忆力

　　没有比"我就是记不住别人的名字"更为人熟知的陈词滥调了。不过现在先给大家带来个好消息——对于他人姓名这块难嚼的硬骨头，我们有个简单好啃的办法。

　　不论是否愿意，我们都常常因工作中的各种情景，要认识很多形形色色的人。不管所要面对的是新的顾客、同事，还是部门的领导……在大多数情况下，对于我们绝大部分人来说，熟练掌握这些名字都是日常工作的一部分。与之相对，假如生意上的合作伙伴不仅从外貌上能认出我们，更能以"某先生"或"某女士"称呼我们的名字，我们自然也会十分开心。

　　实际上，我们往往能在各种场合遇到认识的人。就算不处于任何工作场合——在超市、在健身房、在餐厅，抑或是在小酒馆里小酌一杯时，一个个熟悉的面孔亦会带着各自的名字款款而来。

　　如果自童年算起，通过各种熟人、亲戚、校友、室友、同事、朋友、朋友的朋友认识的，又或是各种在学校、健身房、课外班、度假时认识的五花八门的人……我们八成能达成个"名字收集王"的成就。而处于同一年代的人，他们名字的特征也总是异常相似。再加上各种同音不同字的名字，或是用上生僻字的名字，对于名字总和数量的估计又会大有不同了。由于人们天生性格不一，有的人或内向或外向，以及工作中和顾客的接触频率等因素，我们一生中所认识的人的总数会受到或多或少的影响。即便如此，这个数字也已经在 1 万～3 万间浮动！

　　不幸的是，每个人不光有个"名"，还都有个"姓"。而在工作场合中用到"姓"的情况就更为频繁了。

或许你会对如下办公室场景有些印象：在公司里，两位职员在长长的走廊上阔步向前，像美国西部片里将要开始对决的牛仔一般，恰巧狭路相逢。

其中一位心想：这正是去年和销售部经理见面时认识的那位吧。与此同时，对面的这位"某先生"也逐步接近。他原本做好了直呼其名，好开出招呼对方的第一响礼炮的准备。相似的想法却也袭上他的心头：对面一头长棕卷发的这位女士是……呃……叫什么名字来着？她最好别停下来问我些什么。明明上次经理在年终的时候介绍过，我到现在却还搞不清楚她叫什么。

这两位都希望对方千万不要有驻足的打算，以避免一番交谈之后，却不得不面对不知道对方名字而惹起的尴尬。经过对方时，两位便只互相点头微笑示意，以一句"早安"打个招呼，而后又大步流星离去。后续的忙碌中便也淡忘了此事。

真是可惜。和对方以名相称虽只是件简简单单的小事，但它能让被称呼的人倍感快乐。对话双方更可以以此为契机聊天闲谈。若是能在工作闲暇之余，与同僚间有些愉快的沟通与交流，不仅能使我们的心情得到改善，还会时不时获悉些其他部门的新闻以供谈资。

🧠 大脑训练

声形结合，巧记名字

大家都还记得我们在学习"Loci 位置记忆法"时提到过的——人的大脑喜欢"奇形怪状"的片段这一点吧？现在就让我们来好好利用一下大脑的这个特性，巧记他人名字。

让我们先从一个简简单单的小贴士入手，对身边的事多花一份心思：每当有新的同事或伙伴说他们名字的时候，要细细聆听。让自己停留在这个片刻，把注意力全部放在对面的这个人身上。如果可以的话，最好能重复念叨几遍对方的名字。调动的感觉器官越多，我们大脑对于记忆的保存也会更长久。所以这个时候要说出对方的名字，让自己再听到一次——"李女士[1]，你好呀！"

我们可以在脑海里写一遍这个名字，再次确认；或者也可以直接找机会再问一下——"我想给您写封邮件，您是木子李的那个'李'吧？"

将新认识的名字和我们已经认识的名字相联系也是一个好方法。比方说，新来的实习生和邻居家的那个小男生"子涵"撞名了，我们此时就可以在脑海中展开联想。想象在实习生的肩头上，正坐着一个微缩版的邻居男孩。当你正巧在复印文件时遇到这个实习生，眼前便会浮现出那个调皮的邻居男孩的模样。一句"你好，子涵"便也张口即来。

在接下来要介绍的两个小贴士里，我们的"图片化想象力"也会继续大展身手：

让我们利用各种名字创造出令人"过目不忘"的图片。比方说"王麒麟女士"在我们的脑海中便是一位身披"骑士"铠甲的女王。而"米先生"一头波浪乱卷发在我们天马行空的想象力中则像极了"米"这个字形四面发散的线条。

以下的练习不只需要我们发挥想象力，来制造出令人印象深刻的种种图片，更需要好好培养表达能力。我们还可以利用名字中的韵脚，

---

1 为了便于上下文理解，此处改换为中国人的姓氏。后文同理。——译者注

创作一个颇具即视感的"名字韵脚诗"。"注意事项"自然是要自在发挥"疯疯癫癫"的想象力了。毕竟，这样的画面能更长久地保存在我们的记忆中。顾客那边新的联系人是"华生女士"？——"华生喜欢花生"还蛮好记的。那么就想象一下这位女士整天坐在电话座机前，像松鼠一样津津有味地啃食着鲜美坚果的样子吧。

还有一个能帮助我们记名字的小方法——用上乐感及想象力！名字会不会有一定的韵脚或是旋律呢？试着加重读出名字时的节奏，有没有体会到其中的韵律？

✖ 身体训练

轻松走起

现在终于站在走廊上了——作为伏案工作的一员，我们自然应该尽量在工作之余多找找能动一动的机会，让身体乐在其中。这句话你或许已经听腻了，但往往越是简单的话语越能让我们离目标更进一步。

"能走楼梯就别去坐电梯"，大家都听过这句建议吧。但往往才刚刚走到楼梯口，大多数人还是一如既往地径直走向电梯。毕竟人是怕麻烦的（本书的作者们有时也不例外）！要是真的按这句话说的做，每天只靠楼梯上上下下的话，我们所需的运动量便也能达标了。

你可以时不时亲自上下楼，到同事的办公室里传达信息，而不是只低头写下冗长的电子邮件转达指令。不光你的身体会因这增加的运动量好好感谢你，和同事之间的"君子之交"也会如涓涓细流般更加延绵不息。

如果我们亲自传达信息的话，往往能更清楚地解释各项事由，人也显得更亲切友善些。亲自走两层楼到人事部，去领取新的月票卡，显然比第二天等着从内部寄信要有效得多。与其每次都只在公司域网上读"最新见闻"，不如走到对面楼的企业工会去参加一下会议。

瑜伽步

多亏了先前那些记名字的小窍门。现在，如果马上就要在走廊与远远向你走来的同事"狭路相逢"，你也不用绞尽脑汁地只专注于"预言"对方的名字了。我们可以在走路时，把注意力集中到双脚及走路本身。让我们就简单试试看，如何全神贯注地去走路：尽力将双脚完全舒展开，从后到前——由脚后跟到脚底再到脚尖——在走每一步的时候都好好感知一下，我们是怎么收步、迈步的。

与此同时，记得关注你的呼吸状况。每迈出一步，打四个小节，下意识地通过鼻子呼气，迈出下一步的时候，再打四个小节，通过鼻子吸气。这里的时间单位大致为 1 秒，你自然也可以根据自己的需要，延长或者缩短呼吸的时间。

诸如此类，有意识地以时间为单位，对呼吸与步伐进行同步的行走方式也被称为"瑜伽步"。通过下意识的这种放松，能让我们有片刻清新自在的休息时间，将专注力聚焦在眼前。和之前在上班路上一样，这能为我们带来好心情。

"血管泵"

如果在工作的地方，除了坐电梯以外没有什么别的选择：比如，楼梯因为是"消防通道"而禁止在平日被使用，那么我们就得在电梯里给自己创造运动的条件了。

在等电梯的时候，我们可以踮起脚尖并以适当的速度上下摆动身体。这样看来，楼层高或电梯运行得慢也不一定是坏事了吧？

长时间保持站立或坐立的状态，会导致小腿中的血液堵塞不畅。借助"血管泵"的力量，我们能更好促进全身循环供血。在活动腿部的时候，小腿的肌肉会挤压可自由伸缩的静脉血管壁。位于腿部的血液就会倏地被运送到上身。全身的气血循环越好，我们对于各种事与人的记忆力便越好。

在新的一天刚开始的时候，比如刷牙时就可以利用这个"泵"进行练习，就连坐在办公桌前也可以用上它。最好在每个钟头里花上 20 秒钟的时间如此上下运动一下。如果时机适宜可以脱鞋做这个运动，不过自然是在自己的办公室这么做，而不是在等电梯的时候。

和左右半脑有关的练习

你还记得在第一章提到过的左右交叉练习吗？这个练习不光能够强化注意力，更有助于加深左右半脑之间的紧密联系。我们的左右半脑是由胼胝体连接在一起的。

孩提时期，我们在做大多数事情的时候都会出自本能地用上两个半脑。然而在我们成长的过程中，因所受教育的不同以及各类文化影响，我们的某一个半脑往往会比另一个更发达一些。

不过话说到底，我们在思考的时候都会用上左右两个半脑，而胼胝体就在其中起到连接沟通的作用。越努力在行为处事或思考感受事物之时同时用到两个半脑，我们学习并长久记住新知识的能力便会越强。认识并记住新的名字便是最好的应用案例。简单地说，我们的左半脑更为理性，其主要侧重于语言写作能力、逻辑系统分析、科学文化及时间感等；而右半脑则更偏重音乐、图像处理、想象力、信息合成能力、情绪、空间感等各种更为本能的行为。

"左想右笑"——记住这个口诀，就不会忘记哪个半脑是主管什么内容了。

我们的大脑喜欢奇奇怪怪的图像，这点大家还记得吧？就在按照前文介绍的技巧记忆名字的时候，你就已经能够同时用上左右两个半脑了。正是这个天马行空的小窍门，将奇奇怪怪的图像（情绪）与名字记忆（语言写作）联系到了一起。

要尽量多用一些能同时开发左右半脑的方法作为"防腐剂"，才能让学习成果尽可能地保鲜。

在什么样的先决条件下，我们学习起来会更容易些呢？

让自己好好休息一下便是在给自己创造最好的学习环境了。很不幸的是，压力很大时我们往往还有很多东西要学，而在此时要接纳新知识其实并不容易。因此，我们就得给自己创造一个无干扰的学习环境，将打来的座机电话改线，或者将手机设置为飞行模式等。试着用我们先前建议的记忆方式，将准备学习的内容转化为图像。

请回想一下当时介绍"Loci 位置记忆法"时我们所给出的"使用说明"——尽量试着调动多种感官记忆，并尝试将其与已知内容关联起来。多次重复对于我们的记忆也有所帮助，不妨在好

好休息一下后，试着看看把刚学的知识再用心牢记一遍。

🎙 声音训练

副语言符号

到目前为止，我们不仅为将来的办公时间增添了交流沟通的机会和些许活力，更是把与我们交流的对方牢牢地刻在了脑海里。你自然也想被对方牢牢地记在心中吧（当然也是要留下正面印象的）？

如果你也感觉在心怀好意并且主动热情地招呼对方后，谈话的内容还是停滞在"王先生早安"或"安妮你好吗"的话，那么便应当观察、分析一下自己说话的方式了。

在说话的时候你会不会太滔滔不绝，以至于对方都说不上话来；又或者是少言寡语到要让你从嘴里吐出一个字都很难？会不会是你说话时的音量过于爆炸；还是说话太小声，以至于对方竖起耳朵也听不清？你在说话的时候有没有注意停顿；还是连标点符号都不带，从头说到尾？你觉得自己的发音方式自然而有活力；还是说话从头到尾，不管遇到什么重点都是一个音调且毫无起伏？……哇，居然有这么多问题！

就像我们在撰写信息、邮件或者著书时，需要标下那些逗号、句号、引号、感叹号、冒号等符号一样，在和谈话者面对面交流的时候，我们也需要借用"副语言符号"，好让对方在倾听时能找到方向。

这其中就包括：

- ▶ 声调（高／低，沉着稳重／发颤）
- ▶ 音量（令人愉快／令人不适，太吵／太安静）
- ▶ 字词重音
- ▶ 语速（快／慢）
- ▶ 语音语调（单调／协调／唱歌似的）
- ▶ 说话间隔停顿

　　学会玩转这些符号能让你在说话时声音既富有活力又百变多样。要对所说的内容有所偏重，好让他人在听着的时候能找得着北。

　　先好好观察一下自己，看看你在讲述事情的时候是怎么样的。比方说，下次谈论到某个周末和爱人去郊游的时候，关注一下自己的声音，看看它是如何根据所阐述内容而上下起伏的。谈到孩子最近的进步之类的精彩经历，与讲到家里最近有人生病这类让人操心的事，两种讲述的声音是十分不同的。大家应该也早注意到了。在我们描述不太重要的事情的时候总是说得比较快，而讲到重要的事情时则会将速度压下来，变得更安静些。

　　我们其实都能够根据话题以及目的的变化，自如地改变说话时的语言特色。毕竟这也"理应"是人与生俱来的能力，就算是浑浑噩噩像在梦游一样，我们也可以自主控制音量、语速、韵律、说话间隔及音高。但是我们太容易粗枝大叶，忘却细节了。又或不知在忙些什么似的，想赶紧提升语速，好将要说的话一口气吐出来。有时也会感觉羞于启齿，不仅不提高音量，反而越说越小声。

　　在说话的时候，我们有时可能因为害怕被别人打断，从而加大音量、去掉句号，如此好一股脑儿把话说完。大多数的政治家都是运用这招的话术高手。他们惯于在说话时舍去句号，并全力提高音量。这类的"权力游戏"在脱口秀里最为明显了。

话说到底，还是因为担心政敌会马上抢过话筒，夺过权杖。毕竟政客们说话的每一分每一秒都和金子一样宝贵。

你有好好观察过默克尔总理在开记者招待会的时候，是怎么说话的吗？没错，她的声音低而沉稳。作为国家元首，她毕竟是要展现出自己沉着稳健、有条不紊的一面。在说话的时候，留意一下自己说话的姿态。同时也观察一下你内心里对自己、对他人有着什么样的感想与感受。好让办公室过道上普通的闲聊能转化为使双方都开心、满意的神奇一遇。

其实在听演讲或是报告时，我们也能观察到在日常交流沟通中所使用的各种副语言符号。没有经过训练的演说者总是会干巴巴地、就像"和尚念经"一样读完整篇讲稿。本来他们在日常说话中能自然而然加重的那些语音语调，现在也消失不见了。之后在书中我们还会再讲到关于体态、表情和语气等方面的内容。

如此一来，即使听者对所演讲的内容抱有再大的兴趣，还是会什么也记不住。要记得给听众能跟紧你节奏的机会，才能让他们有足够的时间来消化先前的内容。时不时休息一下，既让人对接下来的内容满怀期待，也能给人留有思考的时间。我们的演讲要做到让自己也有听下去的兴趣的程度，才能给人留下积极的深刻印象。

第六章

心神不定？
声音颤抖？
在演讲与谈判时
掌握主权

地点： 会议室
主题： 沟通交流

欢迎来到会议室！不管这里是否配有最先进的科技、崭新时髦的装备、铺满高端的实木地板——会议室就是做出重大决策的地方。或者换句话说，在这里我们会讨论职场生活中那些具有分量的大小事情，譬如：年终总结、薪酬调整、创意方案讨论会、危机会议，又或在董事会、顾客或自己团队面前进行产品示范等。

不是每个人都天生我才，能轻松在会议室控场（即使已经做好充足准备，掌握了需要的知识）。想要在里面感到轻松自在，声音收放自如，甚至还能绽放个人魅力，讲几个笑话也并不是容易的事。不是每个人都天生属于舞台，像主持人一样在这片地盘游刃有余。同样，不是每个人都是超级演说家，能毫不费力地灵活应付各类情况，谈笑风生。公开演讲对于某些人来说已经是基本日程安排，小菜一碟；对于另一部分人，却是消磨他们好几个日夜的恼人之事。

不用怀疑，即使是成熟老练的领导班子也会这样。在饶有生趣地陈述演讲大纲、重点时；在上百位员工与股东面前展示公司重要数据时；主持新项目的提案会议时；第一次展示并介绍新产品时；又或是召开记者会并应对媒体刁钻的问题时……即使身经百战，他们在登台时还是会心跳加速。这不过是人性中的一个弱点罢了，也是无比正常的。

不管是以什么身份登台，我们的身体在紧张压力状态下都会给出一样的反应——呼吸急促、心跳加速、声音断断续续。有时还会滴下豆大的汗珠，又或突然尴尬地沉默，全身的肌肉也不自然地绷紧起来，脑子也一刹那只剩一片空白。

"我刚才是想说什么来着？""我报告的流程是什么？"——这一

瞬间就算再聪明的脑袋也变得空空如也。此时只感到双腿不住地打颤，恨不得找个地缝儿钻进去。

会产生这种现象的原因是，我们身体混合释放了大量肾上腺素、去甲肾上腺素和皮质醇等应激激素。这些神经递质会流经血管，给我们的四肢供给充足的能量，但同时会让我们的大脑及内脏"断电"。

这些反应其实都是经过造物主精心设计过的，好让我们在遇到凶猛的野兽时，能做好快速逃离或者进行战斗的准备。只不过如今的办公室生活"太过平凡"，其功效早已失去罢了。作为能吸引异性的自然进化特征，在工作时却不太适用。能自在轻松地上台演说，展示出万事皆知的人格魅力才是更为人欣赏的。

在介绍更详尽的练习建议，让大家掌握轻松应对怯场的技巧之前，我们还需要再好好探讨一下，印象是如何产生的。

万事俱备，只欠说服力？
整体一贯的风格，再带上肢体语言及面部表情

先前我们已经认识了一些副语言符号。接下来就再看一看，要富有说服力地走上台，还要注意的几个方面——体态、表情、手势和语气。给观众留下什么印象，便取决于这几个方面的协调程度。

至于能不能让人把你当成严肃的生意合作伙伴，令人觉得可靠；或是被人判断为僵硬不自在，让人不安、不敢信任，都取决于这几毫秒内的判断。

为了知道你有没有言行一致、表里如一，对方已经在脑海里潜意识地对你进行了分析：观察体态、声音及整体面貌与你所述内容相对

应的程度。如果与其不符的话，听众则会更倾向于注意你的语气及身体动作，而不去信赖你所说的话。

这些作用机制当然也是可以被演绎出来的，我们在说一些讽刺或者挖苦的话时往往就会用到它们。喜剧演员更是这方面的专家。我们每个人都经常发自本能地这么做。同样一句"这个菜真好吃"，若配上愁眉苦脸的表情，就与不由自主的啧啧赞叹，再加上一个大大的微笑大相径庭。

有了倍受喜爱的各种表情包，在发短信、微信、微博的时候我们便能更好地转述言语中所要表达的矛盾、滑稽之处。同时，其对我们所述内容也能加以辅助。在线下沟通中则是靠面部表情、体态及对自己声音的调节，好让别人能准确无误地接收我们所要传达的信息。

在 20 世纪 60 年代，艾伯特·麦拉宾（Albert Mehrabian）提出了73855 定律——演讲的成功与否，只有 7% 是取决于其内容本身，38%来自说话的语气，还有 55% 取决于肢体语言。虽然有人说这个理论已经过时了，但是如果你常常身处生意场合或需要登台的话，还是很有必要了解一下这方面的信息的。这里所指的"登台"，是广义上需要用到我们声音的各种场合，比如拨打电话、开展网络研讨会议，或者作为代表、老师、主持人发言等。

要注意把握协调一致的表情、富有生机的声音、放松自在的体态。如此一来就能给你早早准备妥当、值得一听的演讲（希望如此）标出各处重点，从而为其增光添彩。

应用起来的话，这其实和名片的功能是一样的。如果你的名片只是自己草草印刷的，不但有褶皱，信息还不够新的话，即使你的工作能力再强，对方还是会不由得皱起眉头来。

跟公司代表颜色相符的专业名片，通常让人看到就觉得名片主人严肃认真、值得信赖。但至于这是不是有道理，本人是否真的表里如一，则要靠大家以实际行动来展现了。

　　大家可以通过面对面的方式，也可以在视频网站上观察专业发言人说话时的仪态，说不定能从中受到启发。我们可以分析一下发言人的体态、表情及声音等各个方面，就连服装搭配也是很值得参考的。留心他（她）是什么时候显得特别有说服力？是怎么制造悬念的？手要放在哪里？他（她）有没有让人觉得很值得信赖，表现得心口一致？还是言行矫揉造作，看起来没什么自信？声音的活力又是什么样的？他（她）在中途有没有刻意停顿，还是一口气从头说到尾呢？

　　在仔细观察后，我们不仅在别人发言时能更准确地判断好坏，更能在自己发言时以此律己。这样就能更好地认识自我，切切实实了解自己。

　　接下来自然就要建议大家，分析看看自己的录像了（也就是后文"镜头与台上训练"这一部分所介绍的）。

　　现在让我们先给舞台清场，掌声欢迎专门针对演说、发言及主持等方面的最佳训练项目（其实也适用于作为热身项目）！而这其中也包含了必备"应急包"，专门针对肾上腺素快被"煨熟"的这类紧急情况。让大家能做好万全准备，顺顺利利地登场。

🎤 声音训练

　　在这个章节我们要先致力于声音部分——在有重要谈话或登台时，若是呼吸急促且声音发颤的话该怎么办呢？独自一人在台上，感觉哪里不太协调，好像因为过分紧张又出了小差错……哎呀呀，这时我们可不能这么想，这样只会把事情越想越糟。

专注呼吸

虽然是凡人都有的反应，可一旦出现确实会让人很不安，这都是自主神经系统的错。跟之前提到的一样，它常常因为皮质醇及肾上腺素等应激激素而起伏不定。而此时也正是运用呼吸练习的大好时机！将你的食指放在鼻前，并将注意力集中在这上面。试着尽可能缓慢地吸气，再发出"嘶"的声音，均匀吐气。前后多次重复该练习，你会注意到自己的呼吸以及全身上下，都变得安静、镇定许多。

学马吐气

"学马吐气"是声音训练中的一大经典。它不光适用于热身、平缓身心，还能用来放松紧绷的喉部肌群，同时有效加深声道及横膈膜之间的联系。这个练习需要我们颤动双唇，发出"brrrr"的声音。保持一个音高不变，坚持一小会儿，发出的声音听起来要像吸管在水下吐气时的声音。

如果没能马上成功，反而吹成口哨的话，就试着分别将两根食指放置在嘴的左右两端，稍稍相对施力一下。刚开始做练习的时候，注意要能感受到横膈膜施加于腹部或后腰上的力。可以只发出一个声调，也可以转变为多种不同的声调。把自己最喜欢的歌的节奏"嘟囔"出来，说不定也是一个好主意。这部分就大胆发挥你的想象力吧！

声音过高，"一滑"还原

我们在紧张的时候声调总是会不由自主地变得很高。这个现象在女性中尤为明显。

在喜欢一个人的时候也会有这种现象。你有没有被朋友在和她暗恋的人通电话时突然升高而显得做作的声音震惊过？当然，她也不是刻意这样的。这是因为她体内释放出大量荷尔蒙，让她变得不仅眼睛发着光，声音也变得更具"女人味"。那么，我们再看看在工作场合要怎么应对。

只要由上而下，轻缓地"滑"一下声音，就能让高亢的声音一下子变低。我们只需要利用第一章的方法，让声音"噗——"或是"奥——"地往下滑一下就好了。重复这个过程3~5次，嗓音便能很快回到原来惯用的发音位置（详见下面"自然音高与音域"部分）。

口干舌燥怎么办

接下来还有一条适用于对话交流和台上表现的应急贴士——如果你口干舌燥到不行，然而眼前连一滴水的影子都看不到时，该怎么办？这里我们就有个小小的招数：轻咬一下舌头！这个动作很快，也没有人会注意到。我们的唾液分泌因此受到刺激，嘴巴里面就会变得湿润起来。如果用舌头轻轻地舔舐下门牙附近的牙龈，也会有类似的功效，因为处于这个位置上的唾液腺能够马上被激活。

自然音高与音域

大家或许听说过自然音高吧？没错，它和我们的声音当然是紧密相关的。自然音高就像声音的工作基地一样，在这个"港湾"里，我们的声音听起来十分自在，毫不疲惫，对己对人都是这种感觉。这时就算长时间大声说话，也不会很费力。

最适宜我们生理健康的发音范围，便是音域前1/3这个较低的区间。那要怎么才能知道，我们有没有在这个音域内说话呢？

在各类仪器的帮助下，语音学家可以根据多年的经验进行判断，告诉大家每个人的音域具体处于什么位置，在说话的时候有没有用到这个音域。不过我们也可以自己找到它的位置。

就用最自然状态下先出现的那个音高，轻声地"哼"一下。你的音调有没有上下摆动？让我们随着最本真、自然的节奏，多次重复该练习。声音会在某个音高处上下摇晃，或者说是有规律地摆动。那么这个区间就是你说话时最自然的音域了，也就是我们要找到并且要保持住的音高。

你的声音往往会在这个"港湾"的周边四处游荡。这个现象也是正常的。这样的声调波动能让我们在说话时，听起来更加生动形象，好让听者理解更清晰。我们正是以调整音高的方式，有声有色地给所说的内容施加重点。在说到重要的事情或在喜欢的人面前手舞足蹈之时，我们的声音便会不由自主地变高。此时它听起来更加有光彩、有力量。然而若是带有紧张情绪，我们的声音虽然同样是升高很多，但是听起来就变得尖锐造作。大多数人的耳朵都对此不怎么适应。

在十分放松的状态下，抑或是刻意平静下来，展示严肃认真的态度之时，我们的声音便会沉下来，通常变得更柔和、更圆润些。要是困了或是生病的时候，声音便听起来支离破碎，让听者也不太舒服。

我们说话时所用到的音域跨度大约为 1 个八度，即 12 个半音。而我们大多数人的全音域则有 2 个八度，对应过来便是 24 个半音。

不过，像玛丽亚·凯莉（Mariah Carey）这样音域横跨 5 个八度的歌手就是特例了，枪与玫瑰乐队里的埃克索尔·罗斯（Axl Rose）也是其中一员。而碧昂丝（Beyoncé）能跨越 4 个八度，和王子（Prince）、惠特尼·休斯顿（Whitney Houston）以

及大卫·鲍威（David Bowie）的音域相同。

不过一个人的音域广并不直接等同于拥有好听的声音。而只是说，相较他人而言，因为基因的先决条件，在发音上有一定的潜能。以上所罗列的歌手除了自身先天条件很好以外，还针对声音控制、情感把握等歌唱技巧进行了十分完善的训练。

✖ 身体训练

放松一下——"放下"的艺术

肩膀和颈部感到酸痛，对于需要经常坐着办公且工作压力还很大的人来说，算是习以为常的事。但这会影响到我们的沟通能力，导致体态看起来过于僵硬，还会引起头痛、声音发颤且紧绷等情况。

其实只要让我们的身体动起来，试试俗话说的"放下"，就能有很大的改善作用。请在站立的时候深深地吸气，并在呼气的时候一节一节地弯曲脊梁骨，弯腰低头向下。此时双腿也略微弯曲。就这样，简简单单地"放下"我们的脑袋，放松一下。然后，再次深深地吸气，仿佛让空气直穿过后背底部一样，使胸腔自然往两侧扩展开来。经过几次呼吸循环后，小心翼翼地让头前后左右自由晃动。如此一来便能缓解脊柱顶部的酸痛与不适。

现在让我们通过拉伸腿后韧带，先后交替给左右腿施加压力，来激活髋部及背部肌肉。再一次呼气的时候还是一样，一节一节地伸直脊椎，恢复直立。稍稍前倾盆骨，好让脊柱确确实实地立直。

你也可以随自己的喜好，试着在弯曲膝盖的同时，使肩膀缓缓下垂。想象有人揪着你脑后的小辫子一样，让

你不得不将脊柱伸展开来。这样做有没有自己似乎长高了的错觉？

战士式

　　大家还想再尝试别的练习？那么，就来推荐战士式好了。这当然不是说让你在顾客和同事面前舞枪弄棒。但如果你想要在此情此景下拥有更多力量感，更能相信自己并且集中注意力的话，瑜伽的经典体式之一——战士式就是你最好的选择了。

　　要转成开战的姿势，就按如下步骤来做：

　　左脚后退成弓步，脚趾尽量朝外。前后脚此时还是保持在一条直线上。现在让髋部转向右侧，并稍稍弯曲右侧大腿。右侧的膝盖应处于右脚脚跟的正上方。再次深呼吸，展开双臂使其与地面平行、悬浮于大腿上方。放松肩部，掌心向下。注意不要让尾骨过于靠后，或是让耻骨太过靠前，导致腰椎过于突出。

　　我们的眼睛则随着手臂的移动，看向右前方。而手和手指则是指向地平线。

　　与此同时，继续保持缓慢的呼吸节奏。保持这姿势一分钟左右（也可以或短或长，根据自己的情调整），再换另一侧练习。

　　要定期练习这个动作。挺直腰杆不仅能在他人眼显得霸气一些，对我们自身心态也有良好的影响。接来让我们来重点讲解这个方面。

镜头与台上训练——
以及录下来的声音听起来不一样的原因

在登场的时候你是不是想显得严肃点，看起来专业一些？那么对着镜子或摄像头训练，以使人看起来不那么矫揉造作，便是必不可少的练习。在你演讲的同时，可以叫一个自己信得过的同事或是朋友，让他们将过程记录下来，而后再和他们一起分析这个片段。也可以给自己先制定几个"试验规则"。毕竟在看自己的视频时，我们通常能更好地判断出自身长处与短处。

你可以用高标准要求自己，但也不要太过于苛刻。没有哪个人能一步登天，直接变成专家大师。几乎每个尝试过这么做的人，都得忍住掐死自己的欲望，才能继续下去。要把它看作了解自己的良机，从而让你更好地认识自己，学会如何在交流中更能使人信服，使对话妙趣横生。

很可能你会发现自己的一些奇怪癖好：你可能喜欢揪揪自己的胡子，也避免不了那个不讨喜的"呃"来打断原本顺畅的讲话。好像衣服也不太贴身，而你也来回走动得过多了些。说话的声音是足够大声，还是连自己也听不太清？

认真分析一下所看到的一切，试着改变自己的表现。这样之后再登场是不是就会不一样了？你也可以尝试一下针对舞台表演的训练课程。如果身边有良师专业指导，甚至可以进步更快，来达到目标。

你或许也曾留意过录下来的声音，虽然是自己的，但是听起来很陌生。不管是在视频中、录音棚里，或是电话应答机中都是这样，但你的朋友却一直坚定地表示你的声音与平时并无二致。其实，针对这个现象是有专门解释的。

　　这是因为声波是由骨头接收，再通过骨传导到达耳膜中的。我们平时听到的自己的声音，通常是同时从双耳和骨传导接收的。这两股声波就是我们所熟悉的自己声音的源头了。然而我们在听录音的时候只通过双耳从外界接收到声音信息。所以说，这其实并不是电话或者麦克风的错，也没有什么技术问题。这就是跟我们的听觉系统有关。

　　不过大家大可不用过于担心。经常接触自己录下来的声音，久而久之，我们就会对此感到习惯。身边的人也从来没有因此对你的声音有什么意见，不是吗？

🧠 大脑训练

心理意识

　　从技术角度来说已准备周全。想必我们在众多记忆诀窍的帮助下，也有充足的理由能自信坦然地与顾客会面、打交道了吧？但不知道为什么心里似乎还是压着一块大石头，以至于发挥不出自己全部的实力？在重要的事面前，你仿佛变成一只无力的小老鼠。无助、失去自信，恨不得马上打个洞钻到地下去？

　　每个人都曾有过紧张的时候。当肾上腺素在体内淌过时，有时是如虎添翼，但有时却是拦路虎。就连那些方便有效的"怯场克星"，也不能起到太大作用。

　　遇到这种情况时，不妨思考一下这几个问题：我在想什么？是什么让我变得焦虑不安？过去有没有类似的、就连现在想起来也令人窒息的情况？……很多时候，其实是那些老掉牙的"行为规范"阻碍着我们，让人变得不知所措。在小场合中，比如在家里、在办公室开展谈话会议时会这样；而身处大场合，比如进行重要演讲的时候也会这样。

我们每个人行为处事的方式，往往是自孩提时代起经受的各种"消极"的经验体会、受到外界消极的评价所积累起来的。如此磨炼而成的处事态度，在成长之后也难以摆脱。而这也正是导致我们不能彻底放开来表现自己、释放潜力的主要原因。但接触这样的情况，也有利于我们多积攒一些经验，好和这种不健康的思维模式说声"祝好，再见"。让我们在接下来的训练的引导下，寻找问题根源，积极主动铲除病根。

视觉化

开始前不妨思考各种大大小小的细节，在脑海里预演一遍这个场景：我的目标是什么？我身处哪个位置？我接触的是什么人？与我打交道的人、听众在听我说话时又是如何反应的？我这个时刻又是怎么想的？如果事成顺利之后，我可以怎么奖励自己？

你期望看到什么？试着绘声绘色地在脑海里铺开一幅积极生动的画面。在实践中你会有令人意外的惊喜收获。说不定原本严峻的事态临时来了一个急转弯，那个商业会谈也并没有想象的那么复杂，老板给你加薪的消息也说来就来……大家都听说过这么一句话吧——"机遇只偏爱有准备的头脑。"路易斯·巴斯德[1]就是借此言来给予我们启示的。实践出真知，试着"视觉化"一下吧。

1　路易斯·巴斯德（Louis Pasteur），法国微生物学家，微生物学的奠基人之一。——译者注

交流不怕拦路虎 ——
感冒时喉咙沙哑怎么办？

感冒这家伙，每年总会和我们打一两次照面。每次都是不碰巧，时间也都差不多长。无论吃不吃药多多少少总要持续一周。虽然和流感比起来不值一提，但它也着实让人伤透了脑筋。要等流鼻涕、咳嗽、全身乏力等症状消退才算痊愈，这也需要我们静下心来耐心等待。

这个时候，我们的声音也会受到影响。它听起来往往或沙哑，或带着鼻音，好像特别脆弱似的——总的来说，其工作能力会大不如前。我们得加倍小心地对待自己的发声器官。

若是能通过调整共鸣和呼吸方式来给自己热身一下，就再好不过了。在有感冒的症状时，先前在第二章中所提到过的"横膈膜专项训练"也能对症下药。我们还可以利用第一章里学过的"滑动声音"来科学预热声音，最大程度减小发声过程中的无用刺激。先试着让声音从高到低、缓缓地"滑下来"吧。

再者便是用较为轻松的方式，发出"mmm"一样的嗡嗡声。这么做先是能让常常堵得水泄不通的鼻窦腔变得通畅一些，其次还能让我们的声带健康、有序地振动发声。试着在不同的音高间变换穿梭，哼出轻松自在的小调来——有没有感受到口鼻腔还有前额的振动？这个练习也能稍稍缓解中轻度感冒时支气管内分泌物过多的情况。

然而，可别急着大力将分泌物咳嗽出来！这样做不仅会给我们的声带带来不必要的负担，还会刺激内分泌物的分泌。所以，最好先不

要给自己再添堵了，分泌物过多的症状往往会慢慢自行缓解。

在感到喉咙异样、嗓子眼儿真的痒得不行的时候，我们可以试着轻轻咳嗽一下以缓解症状。也可以多喝些水，以使声带及咽喉部的黏膜保持足够湿润的状态。

无论如何，都应让自己"减减速""降个挡"。不如试着给自己的声音放个久违的小假期，毕竟生病的时候要想在健身房进行魔鬼训练是不太可能了。但如果说话方面还是必不可少的话，那就要比平时更注意吐字的清晰度。发音更清晰的话，不用特意加大音量，也能让听的人更容易理解些。如果你本人也能接受的话，可以试着借助麦克风说话。

但如果大家喉咙发炎，就要绝对停止发声。也就是说，要彻底"闭嘴"！如果不想给我们的声音带来不可逆的伤害的话，就要先这么保持下去。不要再嘀嘀咕咕，也不要再一直清嗓子，只要简简单单地沉默着就好。要是担心大家无法理解你的行为的话，就用上比手画脚的沟通方式吧。如果还是行不通的话，再拿起纸和笔吧！

我们可以通过吸入雾化的水蒸气的方式，促进病情的好转。这么做是为了保持声带的湿润，来加速缓解喉头的发炎症状。盐水或者甘菊茶都是值得推荐的经典饮品。但如果用薄荷叶或是桉树叶泡茶的话就要多留意了，我们的黏膜常常会因过于敏感，而变得更加干燥。那我们还能做些什么呢？——好好喝茶，静候好转佳音。喜欢的话也可以在茶里加鼠尾草、生姜或者甘草。

拜拜，
午饭后的昏昏欲睡
走出午后倦意

地点： 食堂
主题： 恢复体力

午休时胃里似乎感觉不太对，人也好像一直萎靡不振？似乎吃饭后变得昏昏欲睡似的？其实，在我们大快朵颐之后，创造能力等会在血液循环的影响下大大下降。人也难以在此时随着想象力的翅膀自在翱翔。这个时候人总是会开小差，同时也困意十足——我们的身体正忙于消化吸收。大家也体会过午休时这种慢镜头似的场景，还有头脑怎么也转不过来的情况吧？

有些人会为了提神，即刻在饭后泡上一杯浓缩咖啡，但这也不是每次都能奏效的。其实，我们不必非得像南欧的人一样，睡上个午觉才能在短时间内给自己快速充电。到外面去散散步其实就能发挥奇效——促进血液循环，给原已疲惫不堪的身心带来新的"灵机一动"的片刻。

不过，要是能睡上个 10～20 分钟也不错。我们的身体能借此稍加放松一些，好在该日余下的时间内重焕生机。其实在很多企业里，这个理念早已经被充分贯彻实施了——在硅谷的高新科技公司或其德国分部有一些为职工量身打造的"躺卧休息区"，近年来就连在较传统的制造行业中也不鲜见。让大家喘口气，稍微小憩一下，不但是转变职工状态的大好方式，也能为大多数公司接受。话说到底，各个企业还是希望员工能时刻充满活力，以便更有效率地开展工作。

不过，也有因出差腾不出时间去散步的情况，或者想让公司增添个休息室也还只是痴人说梦的情况——一些小练习就能为我们的身心及声音补充能量，推进餐后消化过程。就让我们一起试试吧！

✖ 身体训练

四处走走

在吃过午饭后可以做做伸展运动，让我们一起动起来！养成在楼层里四处走动的习惯其实才是最好的"健胃消食片"。

只要不是公司坐落于哪个海上钻井平台，或者是高速公路横挡大门口的话……想必大家的公司附近，或多或少都能有让人好好散个心的地方。说不定同事们也都有这个雅兴，三五成群地走上几圈。养成习惯后，不光是消化系统、心血管系统、肺部、皮肤等，就连大脑也能从中获益。

对于大多数人来说，休息时间往往紧迫到只够完成吃饭这个首要任务，稍微幸运的也就多个几分钟来享受饭后甜点。就算是时间紧张，也不要忘记花上几分钟到外面透透气，好精神饱满地继续接下来半天的工作。

椅上转体

在午后享受完遛弯这道正菜后，还有办公室瑜伽这道甜点等着你。这其中最受欢迎的，便蕴藏在这个练习的名字之中。"椅上转体训练"——这个练习和大家享受甜点时一样，也是坐着就可以进行。

请大家在椅子上坐直，将双脚平放在地面上，使其与肩同宽。一边吸气，一边顺着呼吸方向挺直脊柱。现在，让我们一边呼气，一边缓慢而小心地将上半身转向右侧。左手置于右腿大腿之上，右手向后扶住座椅靠背。也可以试着以右腿盘在左膝之上这个姿势练习。头部扭转

的幅度要在尽可能不费力的情况下保持稍小一些。

这样静静地深呼吸 3～4 次后，便可以回到原姿势，换一个方向继续此项练习。大家尽可以交替换边进行，多做几次。

椅上转体训练可以使人平心静气。转体的"转"更是对食物的消化大有益处，能促进脊髓中的物质循环。想要拓展训练的话，我们也可以灵活地伸展脊柱，从而稍稍按摩一下腹部。

冷水和薄荷油

此外还有个不为人知的小贴士——除了通过散步和转体训练让我们由疲惫不堪变得身心重返健康以外，我们还可以到厕所，用冷水冲冲手腕来感受几秒钟的刺激。这个方法在进行那些让人头脑发昏的会议时尤其管用。

如果感觉脑袋闷闷热热的，或是中午吃得太撑了，大家可以试试滴几滴薄荷油，用手在太阳穴上揉搓一下，其中的醚香能让人立刻精神起来。

大脑训练

午餐时盘子里越满，食物越丰盛，饭后我们的脑袋也就越空空荡荡。其实这也不是什么稀奇的事。为了消化，我们大脑里的血液都被调走了，大脑自然也就进入了休息模式。

休息时间就要分神

虽然根据个人的生理情况会有所差异，但大多数人在中午都很难保持身心活跃的状态。要想马上进入状态，玩转高难度的思考工作自然也成了难事。这和我们肠胃在工作（即进食）后需要一定的休息时间（即消化过程），其实是一个道理。让我们在正式回到认知层面的最佳状态前先稍微分分神，给我们的大脑也送上些点心吧。

笑口常开是件好事，顺便还能锻炼上腹肌。你可以在网上看些搞笑视频，或者和最好的朋友打个电话；也可以翻看一下你平日最喜欢的杂志，阅读些"好消化"的内容。最重要的是，这些耗时短且毫不费力的事可供我们娱乐消遣，从而帮助大脑由午休模式过渡至高速运转阶段。

我们绝对不建议将神圣的休息时间全部献给解决邮件、客户通话等。更有甚者竟坐在电脑前，一边吃午饭、一边不间歇地死命工作，这是再糟糕不过的了。因为中午本就是宝贵的消遣时间。

和新同事一起休息？

说不准你也有兴趣去认识一下新的同事？现今除了通过留言板或者公司内网这些传统方式以外，有些公司也推行"午餐轮盘"（Lunch Roulette）、"午餐伴侣"等概念，来帮助员工们在午餐进食时认识新同伴，从而有效建立公司内部人脉。

这些新生的在线应用随机将公司内素不相识的员工配对成饭友。这不仅能让人走出自己的舒适圈，更让员工对自己所在的公司有更多层面的理解。当然，这也很快就能让人交上不少"公司密友"。

🎤 声音训练

圣光调息法

你有没有听说过圣光调息法（Kapalabhati Pranayama）呢？

这种起源于瑜伽的快速呼吸法，能充分激活我们体内的"消化火"（Agni），正完美适用于一顿狼吞虎咽的午餐后时光。我们腹部的各个器官，如肠胃、脾脏、肝脏、胰腺，就连整个泌尿系统（肾脏、膀胱），还有胆囊、卵巢、输卵管……都能借横膈膜强有力的上下运动而得到按摩。

定期开展圣光调息法的训练，不仅对于促进新陈代谢大有成效，还能缓解便秘的症状。整天在办公室里坐着且缺乏运动，就常常使肠道变得昏昏欲睡。不过倘若你有拉肚子的症状，就得尝试其他专项练习了。

至于声音呢，这个训练和我们的声音又有什么关系？——如果人整体能量较低的话，发声自然也提不起劲儿来。这个练习能提升我们整体的状态，还能锻炼到核心肌群、横膈膜和肺部。让人从午后的低潮回过神来，兴致满满、能言善辩地重返职场。

做这个练习时，请先挺直落座。让我们通过鼻子深深地呼吸一下，随后马上像气泵一样通过鼻腔再将吸入的气体强有力地排出去。此时我们的腹部应该只是很快地收紧一下，然后马上放开。而肩部及头部则处于静止状态。大家应该会想起第二章的横膈膜训练吧？就是那个"驱赶野猫"训练。这其实都是一个道理。

重复这个训练10次左右，同时记得要专注于吐气的过程。而吸气也应该要自然——其实肚子一松弛开来，肺部就会自动地被空气填满。训练的中途也要正常地呼吸两下，以使自己喘口气、休息一下，再继续开始。重复3～5次后，全身上下就能获得充足供血，也会拥有充足的氧气了。

如果你还嫌不够的话，也可以将圣光调息法的训练时间延长到1

分钟左右。但可要注意了！做完这个练习之后，再保持坐立姿势一小会儿，好让全身的血液循环回归到趋于平稳的状态——没怎么练习过的新手可能会出现"过度换气"的症状。所以孕妇和高血压人群要十分谨慎。如果你属于这类人群的话，不妨多给自己一些平稳的呼吸时间。先通过鼻子吸气，再通过嘴巴缓慢呼气。这也是一个能让大家放松下来且同时促进消化的好方法。

第八章

给墨守成规者的
创意小贴士

又言之：
困境出发明

地点： 茶水间

主题： 创造力

"创造力！"——看到这个字眼先别担心。在本章我们并不是要教大家怎么装饰或美化写字桌。作为纯脑力工作者，我们也不需要用什么异想天开的方式来和绘画创作等打交道。

广义来说，创造力不仅仅局限于艺术创作等领域。从客观理性的角度考虑，拓展个人的创造力是为了能给自己提供更可靠的"备用计划"（Plan B）。无论哪行哪业，我们都会在日常生活中需要它。只要用上一种和别人不一样的，甚至是全新的思路，我们就已经很有创造力了。比方说，在上班途中，临时起意选择一条不一样的路，也能展现出我们的创造性。

午后在茶水间里，低潮频来，之前或许摄入了过多糖分或咖啡因。但不管怎么努力，还是没什么工作的动力。若大家也感同身受的话，接下来就能学到怎么给已经低沉的细胞及时补充一些创意养分。

不妨试着将下列这个习以为常的场景具象化——现在快要下午4点了，待办事项还有种种，邮件却毫不见少，我们的动力曲线也已经呈单调递减状态。又到了去茶水间来上一杯咖啡或浓茶，从而尝试挽回局面，熬过剩余时间之时。

一推开茶水间的门，映入眼帘的却是一片狼藉——玻璃制的咖啡壶现在"空空如也"地坐在电炉上。要想压压这刚上头的咖啡因瘾，还得等新的一壶煮好了才行。于是，你就开始不由自主地感到焦虑不安了。想要泡一壶新的咖啡，柜子里却连个滤网都没有！那还怎么喝上咖啡呢？正所谓——"困境出发明"。就让创造力之魂指引我们找到有网眼的、同样能隔开咖啡粉和水的替代工具吧。

解决方案一：我们可以去后勤找找看。这次终于不是申请胶布、复印纸或记号笔这类的东西了，这次要找的是一只长筒袜。各位女士当然也可以用上自己的，这样不就能省下咖啡滤纸了？

但实话实说，从卫生角度来看，这绝对是个不可靠的解决方案。毕竟接下来我们所要面临的问题就是，这么一双全新的长筒袜又从哪儿来呢？创造力的火苗此时也快要熄灭。

灯泡、便笺纸、购物车、警铃、条形码……这些划时代的发明创造，要么是受到幸运之神的眷顾，要么是克服无数次先前的挫折才诞生的。如果所有的发明家——就称他们为"造物主"吧——若是这些造物主都只蜻蜓点水一下，便马上放弃不干，那我们今天便会损失很多生活中的便利小发明。

既然道理已经明晰，那么让我们找找针对"咖啡窘境"的解决方案吧。

那到底是该改喝茶呢，还是应该马上奔向咖啡厅呢；又或者是去附近的小卖部买些速溶咖啡？不然，尝试其他像可乐、红茶之类的能量饮料，或者——稍稍运动一下？不然干脆在显眼的地方，用纸条客气地写上"请大家在咖啡滤纸用尽后记得补上"这样的提示以示众人，好一劳永逸地解决问题？

这么一想，大家能有的解决方案可不止这一杯满满的咖啡。

要想在每天都危机四伏的办公室挑战中杀出一条生路，也需要有足够的勇气。要时刻敢于直面某些总是喜欢说着"哦，这个东西我们一直是这么做的"这类恼人的同事。或许有人还不信，但越是在所谓需要创造力的行当里，就越应有这种决心。本书的作者们所经历过的反面案例，多到可以再写好几本书了。

生活中随处可见一成不变的处理方式，一成不变到快要生锈的日程，早已僵化的身心、声音……但也不要将过错归结于那些稳定可靠的行程安排，更不需要将那些实践出的"职场守则"划为罪恶之源。它们能带来的最大的好处之一便是"安全感"及"经验"，而这两者往往能引领我们走向成功。

🧠 大脑训练

创造力——一步一步来

不管你是证券分析师、旅行社职员，还是董事会秘书……让我们大胆发挥出自己的创造力！对一件事情的流程多问、多思考。保险起见，也可以在安全区大胆尝试还从未挑战过的处事方式。一开始或许可以从点滴做起，然后再一步一步来——就比如说，舍长筒袜而取茶作为替代方案，就是在发挥创意。

而我们的创造力天分，自然不仅局限于进公司大门到出公司大门的这段"打卡时间"。选择一条新的上班路线，用富有创造力的步伐使路途变得花样百出；将工作服巧手一变改成便服；又或者在下班后试着发掘自己新的、富有艺术感的业余爱好……都能发挥出我们的创造潜力。

让我们发散一下思维，除了找不到咖啡滤纸外，还会有什么样更"奇葩"的问题出现呢？不用管想象是否切合实际，先无边无际地释放自己的创造天性再说。比如，投影仪用不了了；或者是再夸张点儿——公司的建筑变成充气城堡了；又或者你某天早上突然得划船上班；你今天的任务是以一人一锅之力筹备整个班组的全素餐……你大可天马行空地想象一些疯狂而又富有创意的场景，之后再在脑海里寻找应对这些情况的方案。

　　站在别人的角度上，用上他人的思维模式，也能为找到新的具有创造力的解决方案铺路。比方说，在演讲时投影仪突然用不了的这个场景中，试设想：

▶ 唐老鸭会如何应对？

▶ 拿破仑会如何应对？

▶ 喜剧演员或摇滚女歌手会如何应对？

▶ 我的老板会如何应对？

　　说到这里，我们便要介绍新的知识点了。接下来大家会明白，为什么有些人面对以小组为单位的合作思考任务时，总是叫苦连天——就算团队合作再妙趣横生，再能增加团队凝聚性，还是解决不了有些人生性就是不适合这种共同达成目标的、体现个人特色价值的团队工作。比较羞怯的人身处静谧之处时更能灵机一动，想出新主意来应对难题。

　　德国新闻网站"Ze.tt"于 2016 年 2 月 12 日根据一项研究报道指出：团队思考并不是找出问题解决方案的必要方式。

神经元之间如何产生新的连接？

　　当我们尝试新事物的时候，大脑便会以最大功率开始运转。在开展全新体验的时候——选择一条不同的上班路线，思考别出心裁的解决方法以及对待问题的方式等——这对于我们的大脑来说，就像在丛林里开出一条路一样刺激。就拿刚才这个例子来说，你一边阅读这段文字一边想象的时候，其实便已经是处于"创造模式"了！

在深山老林里自然是枝叶密布，树木繁盛。藤蔓盘旋环绕在各个角落，而弯弯曲曲的树根也铺满了泥泞不平的地面。要想在这里迈开腿，必得装备齐全。所以，让我们带上镰刀、砍刀，用自己的双手克服艰难险阻，开辟出一条真真正正的路来！

第一次尝试新事物的时候，大脑中也要经历一场艰难战役。所以在面临抉择时，倘若感到害怕，甚至避之不及，倒也十分正常。毕竟一条全新的道路也很有可能十分恐怖，令人害怕。

上班族和"职场守则"之间，更栩栩如生地说，就像是一位驾龄10年的老手和自己的车的关系一样。遵守规则便像是在平坦得一览无余的高速公路上，一直笔直向前。四周有可供定向的护栏，夜里也灯火通明。而这段路和你的车一样，对你来说也已是烂熟于心了。和之前那样在林间开山辟路相比，在这里我们可谓毫无阻拦，可以大胆地一直往前，冲向目标。

让我们再度将高速公路及深山密林这两个不同的场景具象化，看看它们在我们脑中分别是什么样的：

人类的大脑中有超过1000亿个神经元。我们做每一件事时，神经元都会被激活，多达1.5万个神经元之间相互建立起连接。"神经元网络"就此诞生。

再举一些例子，看看创新如何付诸实践：在大家急着为新的工作流程献身之前，可以先养成一个新的习惯。就好比，右撇子的人试着每天早起时，换用左手在浴室刷牙。看着被弄得到处都是的牙膏，你可能会在脑海里想着：这感觉太不习惯了。在右撇子的大脑里并没有现成的、针对左手的"高速公路"。你得手持砍刀,在丛林中自己杀出一条生路。简单地说,这片由 1.5 万个神经元组成的网络目前还只是很薄的一层而已。

如果大家在隔天继续试着用左手刷牙的话,接下来就会发生这样一件事:神经元网络之间的联系变得越来越强了。目前在密林里还是没有现成的羊肠小道,高速公路一样的柏油公路自然也是不存在的。但今天你至少能认出昨天因践踏植物而留下的印迹了——神经元之间的连接逐渐加强,分布的范围也逐渐扩大。只有一直这样下去,我们才能离开最初"开山辟路"的状态,慢慢为涂满焦油的高速公路奠基。

不管要尝试什么新的事物,都是一个道理——最开始会觉得很不熟悉,这也是因为针对这件事的神经元网络还没有在你的大脑中建立起来。我们首先要策划出蓝图,而后才能通过不断的重复将道路铺平。

由于个人能力、生活习惯、解决事情的方式等各方面的差异,要养成新习惯并熟悉它,每个人所需要的时间也不一样。右撇子改变刷牙的方式需要大概 14 天左右的练习时间,才能达到和先前用右手刷牙时差不多的熟悉感。

如果光是这么件小事都需要两周来适应,那么便也可想而知,为什么要想改变习以为常的生活习惯以及解决问题的方式会这么困难了。我们确实与生俱来会偏好去做自己更熟悉的事。但既然在深山老林里也能开辟出高速公路,我们就更应该要坚定信念,保有恒心地去度过每一天。

⨰ 身体训练

动物类体式

那要怎么将创造力贯穿全身呢？其实，很多瑜伽体式，如猫式、牛面式、上犬式、下犬式、乌鸦式、鹰式、鱼式、鸽子式……这些富有创意的动物类体式也能让我们变得生龙活虎起来。这些来自遥远东方的身体练习，是由各种动物命名的，目的也是要让人与自然融为一体。

之所以用动物的名字，是因为这些动作正好是各种动物处于最本能、最舒适状态下的身体姿态。比如"下犬式"就是狗狗们在睡醒并站起来之前会做的典型动作。它不仅针对四条腿的动物，也能让我们这些两条腿的动物活动身体、拉伸腿部肌肉。

树式

同样，俗话说的"背负重担"，也不是无中生有。随着年龄渐长，我们背上的负担自然也越来越重。而在日渐紧凑的繁忙工作日中，则更是承载得满满当当的。

到了下班要关电脑的时候，我们的背部也差不多得"关机"了。这一天下来，我们跟直不起背的猴子一样，在写字桌前坐得弯腰驼背……不过在本书的帮助之下，自然不会再这样了！这里向大家推介办公室可以练习的瑜伽体式——"树式"，让我们已经僵硬的四肢再度焕发生机。这个瑜伽体式还能让人沉下心来，变得心平气和。

那么就开始吧——请合拢双腿及双脚，笔直地站立；再有意识地进行几次平稳的深呼吸。现在将双臂水平伸展开来，把全身的体重施加在右腿上，同时抬起左脚。倘若膝盖没有什么健康问题的话，应该尽力将左腿向外伸展。然后再将左脚置于右大腿内侧，脚心朝内；做不到的话也可以先放在小腿肚上。若摇晃得很厉害，就让脚掌落在地板上即可。双臂稍微弯曲、向上伸展；双手合十，同时让腹部向上延展以保持绷紧的状态。保持这个姿势约 15 秒后，交换左右腿继续进行。

过程中摇摇晃晃的话也不要担心。如果你的身体一开始做这个练习的时候无法稳定下来，可以这么安慰自己："摇晃得越厉害，我的深层躯干肌肉也就越需要强壮起来。"

树式不仅可以强化平衡能力，更能调整体态、稳定躯干。而这个能让我们稳定下来的姿势也能促进我们的动力及目标性。说不定激发创造力的苹果马上就会从树上掉下来。

🎤 声音训练

约德尔唱法

那么到现在，你是否将先前的创造力练习早已同化到日常行程中了呢？我们接下来就要将你从原始森林及动物王国中"绑架"出来，带到富有浪漫气息的阿尔卑斯群山之中，来到瑞士——来到这个一切都井井有条，家家有牛羊的地方；身处高山牧场、像海蒂爷爷一样掌管这个曼妙之地。就让我们插上想象力的翅膀，尽情鼓捣声乐的杂技——约德尔唱法吧！

在开始之前，让我们先熟悉一下这种声音艺术。它其实并不仅仅在瑞士或德国的拜仁州广为流传，在哈茨山脉、厄尔士山脉、西班牙、瑞典、波兰乃至中非等地都有分布，是不是很让人瞠目结舌呢？当然，这些地方唱山歌的时候肯定就不用穿着巴伐利亚连衣裙了。

"约德尔唱法"以前主要为牧民呼唤牛群、羊群以及进行远距离交流而发出的变化多端的喊叫声。而现如今它不只出现在民俗活动或各类仪式中，甚至也被一些人作为潮流带到了柏林。

约德尔唱法之所以好处多多，就是因为其演唱过程中所发出的大跨度音阶。它能锻炼并延伸我们的音域，还能让音色变得更多姿多彩。比起来回重复的单调的几个音节，人总是更喜欢听更有生命力的、更多变的声音，不是吗？（详见第六章）

声音杂技和真正的杂耍相比较起来，受伤的概率则接近为零。它不仅易于上手，还能让人很有成就感。不用练习后空翻和倒立，我们是在胸声与头声之间交替转换，重叠发声。通常也会借助横跨多个音区的演唱方法进行表演。此唱法中还很特别的一点是，如同说着幻想世界的语言一般，先后叠加音节的演唱方式。在交换音区的时候，就会由通常更沉稳的胸声如"a""o"交替为更细腻的"e""i"等头声。在这个时候唱出这些元音也更为容易些。

要让人就这么直接想象约德尔唱法听起来是什么样子，恐怕还是有点困难。不过，大家应该还认得电影《海蒂》（Heidi）里，主人公海蒂登场时的哼唱吧？不妨再听听原声录音带，细细聆听开头及结尾的变换音调。条件允许的话也可以一起哼唱，说不定还能让人回忆起美好的（？）童年时光。

或者可以和同事一起，展开一次小小的约德尔唱法比试，也定会精彩绝伦。眼下在茶水间或许不是最好的切磋场所，但在公司的年终晚会上展示倒是一个不错的主意吧？下次不用只比拼酒量、玩保龄球或扔玩具标枪了，我们还可以比赛唱歌。

尽管作为消遣来说，唱号子比起抽烟要健康得多，但在休息时间进行八成还是会惹起众怒。为此我们还给大家准备了另一个更安静的锻炼方式，不仅安静、有效，还能充分利用你在茶水间等咖啡的闲暇时间。

让我们从元音"a"开始，自胸腔发出舒适而自在的音节。之后再通过增四度转位升高音调，转向元音"i"。从那个音位起一直向下，此后再迅速上下辗转反复。那么现在大家的问题又来了——什么是增四度转位呢？

增四度是一个由6个半音组成的音程，在钢琴琴键上便是包括黑键在内的共6个键，也是自然音阶中的4个音。如果从"c音"算起，那么增四度后我们便得到"f音"。如果大家手头没有钢琴，而乐理知识也早已被大脑淡忘的话，那就想想警铃的声音，模仿它曲曲折折的音变即可。好了，能模仿出警铃的你，便也完成了增四度的训练。

如果大家对此已经有一定的经验，那大可尝试一下"纯五度"。比如《小星星》一曲中"一闪一闪亮晶晶"这句，其中第一个及第二个"一闪"之间便是一个纯五度。让我们练习到能毫不费力地唱上去为止。这期间可以试着将手指置于喉结位置，此时的喉结应该像电梯一样，能轻轻松松地上下移动。

我的胸腔里有两股声音？
关于破音、颅腔共鸣及胸腔共鸣

你肯定也发现过自己的声音在不同的音区时音质不太一样吧？如果用平时说话的声音发一个音几秒钟的话，这个音应该还是十分有力、共振也十分强劲的。但如果将发音设定在一个高很多的音区上面，再发出"啊啊啊"的话，八成声音听起来会毫无层次感，很不稳定。

我们当然不是有两套不同的发声系统。不管我们的音高位于何处，声音的"生产厂家"都是我们的喉头及声带。较为主要的声音类型确实分为两种：胸声及头声，男性若使用后者便能发出假声男高音。而声音的质感之所以听起来不同，主要是因为在不同的音高时，发声肌肉力量的分布不同。在使用胸腔发声时，内部的声带肌（vocalis）处于主导地位，负责让声带完全振动；使用头声时，则是外部的甲杓肌（thyroarytenoid）主导。

发出的声音越低，我们的声带在振动的时候也就越松弛、处于更闭合的状态。这么一来，气就不容易跑出去，而我们也可以在过程中更长时间屏息；发出的声音越高的话，我们的声带也就因为肌肉的拉伸而变得长而薄。声带振动时便不再进行整体振动，而是只在外缘振动，即边缘振动。这样，气就会跑出很多，我们在这样的音高时就要多多换气。

这两个音区各自的命名方式，也已经揭示了它们的含义。头声的共鸣腔主要是我们的额头和口鼻腔；而胸声的共鸣腔则主要位于喉咙以下部位。如果对一些音高掌握得不熟练的话，我们便会听到破音。这便是由原先强有力的音质突然变得软弱无力的情况。

在古典演唱中，当从头声至胸声变化时，这期间没有过渡的痕迹才能称作理想的音质；而流行音乐则会特别利用这个过渡区间——破音在这里是一种演绎工具。在艾拉妮丝·莫莉塞特（Alanis Morissette）[1]的歌中，或是在小红莓乐队《麻木不仁》（*Zombie*）一曲中都可以听到。

让声音与大脑共同工作 —— 摆脱不讨喜的"呃……"

（不过即使有再广的音域，音色再丰富多彩，若缺少了语言组织能力，常常接不上话，那么再怎么出手一击也不能达到致命的效果。）我们不都喜欢听能言善辩、花言巧语的人说话，看他们将幽默与口才玩弄于股掌之间吗？就算大家现在还不属于雄辩家的行列，也不要太着急，变得退缩或者又回到老样子。文字游戏是饶有趣味之事。掌握了它，你便能在种种不同的情况下切换语句，可以明确而恰当地表达自己的意图。

要想保持我们的词汇量或者想要精益求精的话，就得时不时地锻炼它。大家都知道如果不去锻炼肌肉的话，它会变成什么样吧？同理，不去耕耘我们的语言能力，一直想着啃老本的话，也是一样。大脑与声音的连接说不准什么时候就会变得迟钝，说话也会变得吞吞吐吐，不讨喜的"呃呃呃……"便也出来了。

此外还要注意的是：如果你认识很多词汇，并不代表你能如拾地芥般轻松地运用它们。毕竟消极词汇和积极词汇之间还是有着微妙的

1　加拿大女唱作人。——译者注

差距的。

所以，只要有机会，就要试着灵活而机智地运用认识的词汇，好将消极词汇转变为积极词汇。在茶水间里和甲、乙或丙同事闲聊不仅有助于提升同僚之间的友好关系；每一次与他人的闲聊，所迈出的每一小步都是必要的说话训练，这是因为——我们应该：

▶ 要学会拒绝语言中的过多重复
▶ 要能向听者更生动形象地展示自己的各种体验，让人对言语中的利害关系一目了然
▶ 要能在说话时随机应变（而不是在几分钟后才突然冒出金句）
▶ 要让你所说的话给听者带来更深刻的印象
▶ 要能对办公日常、会议场合等沟通交流得心应手

现在你还想再来几个练习，好锻炼出话如泉涌般的沟通能力？这也不在话下！

▶ 试着想出 5～8 个和"走""笑""睡"等字词相关的近义词。比如"走"——"溜"；"笑"——"哂"；"睡"——"就寝"……当然也可以用上"写字桌""工作""下班"这样的名词。每天都换新的词汇挑战看看。
▶ 找出 10 个以同一个字开头的动词词组。就拿"打"来举例：打车、打麻将、打人、打架、打水，诸如此类。可以以拼音表的顺序，根据发音选择第一个字。
▶ 用 2 分钟的时间，试着描述一下你所在公司的建筑物和公司 Logo 长什么样。能看到什么颜色、什么形状；字体看起来是比较摩登还是复

古；有没有什么建筑学或者图像设计学上可供参考的内容？

▶ 试着异想天开地将不同的事物联系起来。领导是只领头的大猩猩，而那位女同事像一只灰色的老鼠；整个工位看起来就像是个猪圈……？听你说话的人一下子就能明白你所形容的是什么了。绘声绘色地说话，不要踌躇不前！越是不寻常的比喻，越能让人开怀大笑。

这么一来，大家应该已经获得了充足养料，足以在将来更变换多样地组织自己的语言，让词汇量如百花绽放般丰富起来。说不定因为有了语言艺术的一臂之力，你也能在放下手中的咖啡之时，继续轻松开启工作中的创作之旅。

第九章

轻松玩转
超长工作日

活力提神，
应对临时加班

地点： 休息室
主题： 耐力

临近下班，本已经度日如年一般，一点点等待着时间的逝去。当体内的电量也快归零，好不容易挨到下班之时，老板却突然冲进来，和蔼可亲地告诉你："这沓档案得今天做完。"原本这一天都快要翻篇了，那句经典的话却又无比应景而讥讽地在耳边响起："快乐的日子总是光阴似箭。"

但不要急着打退堂鼓，先深深地吸一口气。现在再怎么翻白眼、怎么叹气、怎么自怨自艾也没有用了。只傻傻地盯着时钟转动、盯着手机屏幕查看时间，这样是不会让时间过得更快的。也不能变出田螺姑娘，让她用魔法来帮你完成任务。那么，我们该怎么办呢？

咖啡是喝够了，再多的能量饮料也不是合适的解决方法。不然就出门透透气，散散步吧——这倒是个好主意！截止日期已经快要到了，待办事项压得人喘不过气来。这正是应该主动休息一下的好时机。

大家都知道电脑有重启键吧？我们现在就要与大家一并按下身体"重启键"，好好享受一下这段随心所欲的吃货时间。手边有没有备齐健康小食？不然看看员工休息室里有没有吃的？不管怎么样，在加班或者上夜班的时候都必须补充好能量。我们得让自己时不时放松、减速一下，也给自己加加油。

那现在就开始吧！你就别再操心，说什么在"休息之后，我们的反应会比蜗牛还慢"这类的话。有我们三位的助力，大家准能获得继续向前的力量。

大脑训练

休息的艺术

休息时间之所以存在，就是要让人在漫长的工作日中还能保持良好的状态。很多人会觉得：如果这样"三天打鱼，两天晒网"的话，根本没有办法完成每日的工作定额。但大多数人就算是一直被时钟逼着走，一天一天不断赶工，任务照样完不成。试想，这样工作下去，其中的意义又何在？

反之，时不时地停下手中的工作，对于我们每个人来说都是必要的。只有这样，我们才能及时充电、改善心情，好在之后继续迎接挑战。

不管是做办公室瑜伽还是其他的身体训练，我们都不能一成不变。也就是说，在力量训练之后，还需要做下拉伸练习。反过来说，没有足够的肌肉能动性的话，要进行力量训练也是不可能的。

为了能保持整体的一致性，维持健康的状态，我们的大脑本就偏爱更有对比性的项目。在已经费尽心力、讲求逻辑而有序地思考了大半天之后，你得让自己分分心休息一下，给自己留点富有创造力的时间。我们也可以在文学中寻找这片远离过多逻辑思维的净土，好让自身能重新回到高速运转的状态，不失去这最后的一点工作趣味。

那么还有什么比零食更能让人美滋滋地享受休息时间的东西吗？而更锦上添花的便是零食给身体带来的动力了。有了它我们便能更轻松地给大脑充电、补充能量。摄入了葡萄糖，我们便能在休息后更高效地工作。

补充元气：
闲暇间的健康小食

轻轻拉开办公桌的抽屉，只见里面散落着几个弯弯曲曲的回形针、一袋纸手帕、一些名片，就连仅存的一盒口香糖也已经过期了。不过……看到其中躺着的那块被锡箔纸包裹着的、褐色神秘物体了吗？对，它拥有着促进血清素排放的力量……让我们用更广为人知的名字称呼它吧——"巧克力"。

恭喜贺喜！那么，现在就舒舒服服地倚靠在躺椅上，吃上一根巧克力条吧。我们也不想对大家严苛要求，毕竟休息时间吃点小食这件事，和每天在走廊上与人迎面说声"早上好"一般，是自然而然的事情。

只是很多被我们误认为能补充能量的小食，其实效力都很短暂。它们会让我们体内的胰岛素短期内大量增加，而这之后便会直线下坠，甚至跌得比之前原已在谷底的状态还要低。如果摄入的是葡萄糖或工业加工的能量棒等食品的话，我们的能量水平只会呈滑滑梯式下降。比起巧克力和饼干，能量棒不过是名字取得稍微委婉了些。它们在本质上是一样的。

想必大家都想拥有长久饱腹感吧？在这里我们就要给大家推荐一些功效持久的抽屉小食。除了巧克力、甘草糖、饼干卷及橡皮糖这类在工作日相对常见的"精神养料"之外，还有其他能填满抽屉或点心盒的小食。

但在正式录用各位零食候选者之前，还是得先好好看看它们的个人简历。

在上班路上买到或是从家里随手掸来的水果篮中，正好有苹果、香蕉、蓝莓……满满当当的新鲜水果。刚刚提到的水果中的最后两种，则是名副其实的"补脑食物"。

香蕉中的色氨酸含量高，后者在大脑中能够被转化为一种神经递质——血清素。这正是除"奖赏机制"中常提的多巴胺外，最能让人感觉身心愉快的物质之一了。蓝莓之所以得分高，是因为其所蕴含的钾、镁、锰等矿物质能缓解过度紧张的情绪。对于更喜欢果脯的朋友，我们建议大家试试李子、杏子或者蔓越莓等。除了能量，它们还能快速供给我们膳食纤维、维生素 B_6 及镁等营养物质。

属于经典的补脑食物这一行列的，还有坚果类食品。但这里所指的，并不是咸花生米之类的"追剧神器"。要与突如其来的嘴馋做斗争，并同时保有足够的思考能力的话，南瓜子、腰果仁、核桃之类的坚果才是理想的办公室小食。

虽然吃坚果的动静是其副作用，但只要你是一个人在办公室吃坚果、不会吵到别人的情况下，这还是有一定好处的：用力嚼食的动作能够帮助缓解过度紧绷的神经。这和在电影院里看惊心动魄的动作电影时拿起一大包香脆可口的薯片开始狼吞虎咽其实是一个原理。除此之外，坚果和杏仁等食物中也富含大量的维生素E、维生素B、健康的饱和脂肪酸，以及铁、锌等元素，所以它们也是休息小食的王牌竞选人之一。

在下午时分，若是想吃些奶制品的话，可以在伸手去拿布丁前，试试原味酸奶或酸奶炼乳等更能补充体内钙质的食品。在抽屉里放上一小袋麦片，想吃时你便可以根据自己的需要，任取 2～3 汤匙加入酸奶中。这其中结构复杂的长链碳水化合物、镁和维生素B等，是我们

"知识首府"加大份的能量来源。

　　和这些补脑产品一对比，甜食、速食等加工成品所含有的碳水化合物不但不容易被转化，反而是让我们的胰岛素频繁经历大起大落的头号通缉犯。

　　当进食的是全麦食品、蔬果、豆类之类的食物，因其包含长链碳水化合物，我们在消化后不会出现过大的能量起伏。其在消化途中需要先被分解，而后才能慢慢地进入血液中，从而让我们在同一能量水平上维持得更持久。

　　这里还有一些有益小知识：之所以不需要阻止爱吃甜食的大家继续吃巧克力，是因为它也是补脑食品的一种。只要吃得有分寸，并且是可可含量高的"苦味"或者"草药"巧克力的话，我们都可以为其盖上"大脑食粮"的标签。苦涩的黑巧克力除了有镁、锌、铁等元素外，还含有黄酮类化合物。这种植物成分不仅对我们身体大有裨益，更有促进体内压力因子排放的神奇功效。在此得向它们脱帽致意一番！

　　在葡萄、苹果、甜菜、紫甘蓝、西红柿及甜椒等多种多样的蔬果，甚至在红酒中……也能找到黄酮类化合物的踪迹。不过关系到酒精的话，建议大家还是在下班后再小酌一杯为好。

　　既然正好说到液体，那也不得不提及其功效了。不论你是喝每公升富含 50 毫克镁元素的矿泉水、水龙头接的自来水，又或是喝无糖茶，在日常生活中，它们都对维系思维能力至关重要。如果摄入的水分过少的话，头晕疲乏或是注意力缺失等问题便会显现出来。我们的大脑有 95% 都是由水组成的，此外大脑本身也是悬浮于自己的"溶液"——脑脊液中。在一天之内约 1400 升的血液会流过我们的大脑，若其没有得到足够的水分或氧气的话，那么警报就会响起了。

饮料中的绿茶也含有很多黄酮类化合物，因此被称为万能饮品。至于咖啡，虽同样作为"豆子兄弟"，但比较起来，绿茶中的咖啡因进入血液的速度更加缓慢，强度也没那么大。

是不是很多人从一大清早就端着一杯咖啡，直到中午休息时，两杯、三杯甚至是四杯咖啡都已经下肚？都这个时候了，我们还干巴巴地端坐在那里，把要补充水分这件事忘得一干二净。所以对抗干燥最好的方式便是，要在一日之初就在写字桌上摆上一个容量为 1 升的保温杯。若白开水和苏打水都不能满足你的口味，也可以在水里放上几片柠檬或苹果。

另一种方案便是利用手机应用或邮件提醒功能：每小时设置一个信号，好提醒你及时喝上一大杯水。喝果汁、不加糖的茶或果茶都可以。每个人对于一天水分的需求量，根据个人原因而有所差异——这和身高、体重、年龄、身体负荷及气候等都有关系。

尽管以下只是个大概，但通常在一天内，我们大约需要 1～1.5 升水。营养学家通常会建议大家每天从早到晚——包含食物摄入在内，所摄取的水分要达到 2～2.5 升。对于喝水少的人，这可能乍一听很多。别管那么多，先按照安排将水咕噜下肚再说。到时候看工作效果便知道是否有收获了。此外，我们体会到的饥饿感，有时其实也只是因为口渴而已。

而要想将零食和饮料这两者完美结合，那就得靠能调和众口的奶昔了。除了我们一直大力推介的休息小食，如水果、坚果、奶制品等，再来点清新爽口的蔬菜也不错。黄瓜、胡萝卜、甜椒等切丁即可食用，和凝乳一起食用也是最佳搭配。

🎙 声音训练

当一天的工作时间过长、工作任务过于紧张之时，不仅我们的背部深感不适，就连下颚都会变得过于紧绷。二者之间确有关联，俗话常说的"咬紧牙关"正是如此，这会给我们的下颌肌肉带来很大的压力。而不少人甚至在下班后还能感受到这种压力，在夜深人静之时暗自磨牙。这一系列反应会导致我们的后颈和肩部也无法真正松弛下来，更会诱发偏头痛，甚至耳鸣的症状。这都是有理论依据的，因此现在更得好好照看这个部位了。

如果出现以下症状的话，很有可能你的下颌肌肉已经过于紧张了：

▶ 你在抬高下巴，向左、向右或者绕圈移动的时候总是遇到阻力，还发出"咔嗒咔嗒"的声音

▶ 你一般只用一侧牙齿咀嚼食物

▶ 你没办法把嘴张得很大

▶ 你的脸颊靠近颌骨的一侧有轻微疼痛

▶ 你总是在早上起来的时候脖子痛、头痛

怎么样，你有没有与之相符的症状？如果有的话，不妨给你的下巴放个小假，一起放松一下。

给咀嚼肌按摩一下

这个练习能随时随地让下巴放松一下。练习时主要专注的肌肉为咀嚼肌（masticatory muscle），它位于我们的下颌和颧骨之间。摸摸嘴角延伸过去的侧边，在两颊的骨头部位你就能感受到它了。只要

将食指、中指及无名指放置在两颊，一张开嘴巴，你就能感受到它向前拱起。

轻轻地用手画圈、按摩这个部位。然后，慢慢地向上而去，一直到颧骨所在的位置。试试看用不同的力度进行按摩，时不时也可以对嘴部稍加按摩，使之张开闭合。

放松颌骨相关关节

请大家用双手的中指触摸脸颊两侧、颌骨之间凹下去的部位。这个地方与我们双耳的耳垂大致平齐。当张嘴、闭嘴时，应该能感受到颌骨周边关节的运动。

请你稍稍张开嘴，同时用双手中指轻轻敲打下颌关节几秒钟，同时变换力度。现在请你试着用中指和食指摸索我们下颌关节与耳垂间的凹陷处，对此处按摩约 20 秒钟。

放下手后，有没有感觉有什么不太一样？一周可以多次做这个练习，如果疼痛较明显的话也可以每天都做。

现在请再稍稍闭眼，平静地呼气、吸气。在你又马上扎根于写字桌开始工作前，我们还要再念诵一下在第四章时念过的自创经文。不正是想要多些灵感吗？不管是说"妈妈"还是"喇嘛"，我们都可以通过练习张嘴开口。喃喃自语"mmmm"或是"nnnn"几秒钟也是可以的。

感受到了头盖骨还有各个共鸣腔内的微弱颤动了吗？——你正给自己按摩呢。

做这个练习也能有效减轻因为过度紧绷而带来的头痛症状，不需要吞各种化学合成的人工药品。

✖ 身体训练

办公室乌鸦式

先撇开时间长短不说，你也想在休息时试着变得松快一些吗？试试看办公室瑜伽中的这款"乌鸦式"，准能让你松解到肩膀、手臂，甚至还能锻炼出腹肌。

首先，坐在一张椅子上，有没有椅背无所谓，只要稳固即可。将双手分别置于臀部下方，借手臂的支撑使臀部离开椅面。其实就像在双杠上一样，唯一的差别只是我们是支撑在普普通通的椅面上罢了。在将全身的重量提到半空中时，你估计也能感受到肌肉正在工作着。一边呼吸，一边保持全身绷紧；多支撑几秒后再将身体降下来。想要更大效果的话可以多重复几次。

如果想要增加练习的强度，可以在把屁股"翘上天"的同时，将双腿向前伸直、放下。不只能强化腹肌，你还能通过这个练习提升自己的精神意志，集中注意力。

也有某些我们其实很不情愿休息的情况——比如说出差的时候，在机场因为延误不得不多等一会儿之类的情况，大家肯定也都经历过。不妨利用上这段运动，就当在自己家里一样，做个乌鸦式。

第十章

下班时间到

回归亲友的
悠然闲适时光

地点： 下班路上

主题： 休闲玩乐

好了！繁忙的工作日终于要到头了，待办事项已经尽数完成，此时你也感觉心满意足。可算到了能放松的时间。

不是每个人都能马上顺其自然地切换到下班模式。很多人即使在下班之后，还是会忍不住想着办公相关事宜。试着有意识地去休息一下，往往越是在特意分心去做些其他事情之时，灵感就越会如泉涌般席卷而来。大家八成都有过这样的体会，就像在洗澡时会不断生出各种念头一样，那些找了好半天的念头、某些特定的词或是哪个同事的名字等，总是在辛苦一天之后，突然出现在脑海中。

散步或是慢跑的时候，我们也会一瞬间突发奇想，或是突然找到解决哪个难题的正确拼图碎片。这一切正是因为一种被人们称作"预设模式"的神经网络。这个时候大脑会进入自动反应的运动模式，尽量减少对注意力的需求。我们做白日梦或神游的时候便是处于这个阶段。在自己意识到之前，操控中心早已进入了自动驾驶模式。它正要重新建立链接，好让我们的神经元网络能被建立起来，也对左右半脑进行同步。所以那些在办公室里全神贯注找了半天还是不见影儿的答案，一下就会轻而易举地出现在脑海中了。这便是我们产生顿悟的时机。

关于大脑的这种工作机理的好处就说到这里。倘若我们将白天思考的问题一直留到下班，搞得自己坐立不安、睡不了觉，而第二天又变得筋疲力尽的话，其弊端便显现出来了。不过掌握了正确的分散注意力的方法，下班后就不会再发生这种事。

不管是骑车、开车，或是搭上地铁准备撤退，请大家好好利用正式下班前的最后几分钟。收拾一下电脑和写字桌，整理一下各种文件，把先前几个小时累积下来的重担释放出来。把房间打扫得干干净净的，不是很让人幸福的事情吗？在办公室里也是同样的道理。

要想给大脑减负，好让我们第二天一早马上进入工作状态的话，当下最好得对翌日的工作内容有个大致的规划，不妨写一个清单记下这些事——不管是用楷体工工整整地手写下来也好，以文档模式在电脑里存下来也好，又或者是借助"Loci 位置记忆法"随身携带，在下班路上还能梳理一遍。

现在就可以听你最喜欢的歌，身心放松地出门了！接下来我们要继续输出下列内容，好让大家能带着惬意的心情，自在地切换到下班模式。

🧠 大脑训练

"做些美美的事"——下班后的头脑养分

一天的工作总算完结，盼望已久的下班时间也终于来了。不管刚才你是步行走路回家，或是骑车、开车，又或是乘坐公共交通工具，回家后还要履行"管家""厨子""育儿专家""表演艺术家""业余心理治疗师"等职业义务前，先让自己好好享受一下！

才刚刚脱离工作带来的压力苦海，何必要在一下班后就马上投入这些鸡毛蒜皮的生活小事之中呢？有哪个恶魔披着羊皮要求你"必须"马上去做运动，马上当朋友的感情咨询师，又或是为了不赶上 30 分钟后超市的排队高峰，而马上去购物呢？

你知道吗？根本没有什么事是你"必须"做的！

在好不容易结束一天的辛勤工作后，应该先好好奖励一下自己，照顾好自己。你的领导大半是不会为了奖励你今天的辛勤劳动，特意在你家门前摆上一盒夹心巧克力，又或是送上一束用玻璃纸包得漂漂亮亮的花束的。再者，奖励你也不是其义务。只有你自己知道什么是适合自己的，能用什么奖励自己。

虽然奖励不一定要是物质上的，但俗话说，有双新鞋的话，许多女人都会散发出溢满全身的幸福感。这里不是要加深这种性别相关的刻板印象，男人也有爱鞋如命的！但如果每天都买一双鞋，长久下去，那就相当于是给自己的钱袋割上一刀。物质上的丰富充盈不代表能让幸福永驻。学会时不时放下一些事物也是很有益的。不过，最知道想要什么的还是你自己。我们三位作为外人，也没办法臆断什么才是最好的。

不管怎么样，你的大脑已经勤奋耕耘很长时间了。它不仅工作得十分专注，还发挥各种创造力，开展了记忆、设计、逻辑分析、语言组织、起草框架、发散思维等活动。现在是时候该好好放松一下了。不妨去步行街那家意大利冰激凌店里买上一个你最喜欢的冰激凌，边走边吃？或是去卖肉的摊点买一块鲜嫩多汁的有机肉，等会儿在家和朋友约顿饭？或是简简单单地绕个远路，去公园里遛个弯儿，在长椅上小憩一下再回家？

可能大家觉得，今天确实没有时间能让自己闲下来、好好过渡一下，去享受这段休息时间。试想，若能好好享受这段时光，不更是丰富多彩吗？在下班后和朋友相约一起闲聊一番，也是让人期待万分的事情。

这样其实也是奖赏自己的方式之一。比如，今天不用像以往一样只竖着耳朵认真聆听朋友的处境，也该换你讲讲自己的一天了。

在健身房也不一定要做最后那两组肌肉训练了。没有人会要求你时时刻刻都要表现得很好，这种事在白天的时候也已经做得够多。

所以才说"要学会享受"——好好对自己，开启下班后的慢生活吧！

工作时光也是生活时光

你是为了生活而工作，还是为了工作而生活？我们能不能在工作和业余时间之间，彻底分清界限呢？到头来不都是短暂的人生的一部分吗？让我们带着哲学的辩证性，好好思考一下，毕竟磨刀不误砍柴工。

你也属于那类朝九晚五，但一到下班时间就准时收手，将时间留给自己的朋友与家人还有兴趣爱好，并将工作和业余时间彻底分开的企业雇员吗？还是说你像大多数的独立创业者及企业家一样，将工作当作自己的爱好，甚至没对上班和下班进行区分呢？或者你和你最好的朋友同时也是生意上的合作伙伴，你们不仅一起工作，还一并享受工作假期？

无论你是哪种类型——是有意这么做的，还是因为家庭或财政等走到这一步——这些类型其实都各有千秋。只不过对于有特定需求的人来说，可能某一种类型更适合他（她）。

至关重要的是，要找到最适应自己个人需求的工作-生活模式。要能让人心满意足，并且还能促进个人特长的发展。要将"工作时光也是生活时光"这一意识牢记在心哦！

✶ 身体训练

坐姿拜日式瑜伽

办公室瑜伽中还有一种"坐姿拜日式"，效果可谓有十足的质量保障。这位全能型选手其实正适合替代每当疲倦不堪时，想伸手去倒的那杯咖啡，或是那一把满满的能量坚果。不仅如此，这个完美的练习还能让我们精神十足地过渡到下班时间。赶紧试试吧！

接下来一系列的训练不仅能激活心血管系统，还能让胸脊重新绽放活力，又不会让我们练到腋下满满是汗。背部在我们日常活动中往往很少会用到。有了这个训练，我们就能完全伸展肩部，让后颈活动起来，并使得胸部肌群得到解放。

除了能让我们变得活力无限，它最大的优势在于用坐立的方式练习，只需要短短的三四次训练，就能够使整个人重新变得生龙活虎。在坐城铁、飞机或是开没完没了的会议的时候，换句话说，就是我们需要一直坐着的时候，它十分适合。唯一前提是：在你面前得有一点儿能让人大展身手的空间。

何尝不在进入下班状态前，来上几轮富有动力的拜日式瑜伽呢？那些总是害怕自己会长皱纹的人应该会更感兴趣：在做向前屈伸这个动作的同时，因为我们的头部正好处于心脏下方，细胞短时间内处于充血状态，这将带来美容养颜的功效。

那么就开始吧：将双脚平放于地面上，使其与胯部同宽。屁股向前移一移，坐在座椅前1/3的位置。沿垂直方向拉伸并挺直背部，让双臂自然下垂。

接下来，请在用鼻子吸气时，掌心相对、向上伸展双臂，使其高于头顶。与此同时，肩膀自然向后下沉。这个姿势被称为"山式"。

呼气的时候，要使上半身沿大腿方向向前伸展。双手与手臂同样向下，而头和脖子也顺势向下，落于双腿的正前方。再一次吸气的时候，请将右臂长长地向上伸展，并使上半身向右转，要能感受到脊柱适度扭转的良好状态，与此同时，将目光集中在这个动作上。我们的左手可以尽量试着保持在地面。

再呼气时，就可以放下手臂了。随着又一次的吸气，我们这次切换到左手，上半身也变成向左转，好好地享受脊柱的扭转。最后一次呼气，上半身和手臂便可以回到初始位置。

现在，让我们一边吸气，一边再次挺直上半身。向上伸展双臂，使其与双耳平行；同时掌心相对，肩膀向后下沉。一边呼气时，一边有条不紊地将手放在大腿上，掌心向上。

已经想要再来一轮了吗？其实规则是一样的：一边吸气，一边使双臂向上伸展，成"山"的形态；呼气时，则沿大腿方向向前来一个深深的"鞠躬"。再一次吸气时只要让单臂向上长长地展开即可。大概三四次之后，整个人就能焕然一新，美滋滋地享受你好不容易赚来的下班时间了。

音乐改变情绪：音乐的力量

你是不是已经开始听上自己最喜欢的音乐了？音乐是少数几个能如此渲染我们心情的事物之一。单单是音乐所带给我们的享受，就足以让人心醉神迷，让内啡肽都满溢出来。不同的音乐风格更是有不同的效果——能激励人发挥最大效率、让人泪眼汪汪，甚至还能让人变得暴躁易怒。所以说，传说中美国空军要受"德国战车"[1]的重金属乐洗礼，也是有理论依据的。

而音乐也确确实实具有治愈性。富有穿透力的声波能够探入更深的脑意识层面，刺激到我们在一般情况下很少，甚至是不会触及的区域。我们很快就能从认知层面辗转到感觉层面上，借此过往的记忆也会被唤醒。阿尔茨海默病中期的患者，有的还能辨认出他们那个时代流行过的歌曲，甚至还能够哼出旋律或一字不落地唱出歌词。

曾经受过创伤或者行为比较出奇的儿童和青少年，也可以通过音乐疗法使情况得到好转，在乐队合作训练中发展社交技能。有先天性或是后天性精神障碍的人群也能够通过学习一样乐器，（重新）习得社会能力。

你有没有好奇，为什么最近在牙医那里总是听到古典音乐呢？答案是，这能在患者接受治疗时，起到降低其体内压力因子水平的作用。若患者吓得屁滚尿流、在治疗椅上绷得紧紧的话，相信其主治医师也不会轻松诊治的。

其实就算是在普通的日常生活中，音乐也能引导我们走向平衡与满足感。尤其是古典音乐，比如巴赫、莫扎特、贝多芬等人的作

---

1 德国战车（Rammstein），德国著名工业金属乐队。其名缘于纪念曾发生过空难的美国空军基地"Ramstein"。——译者注

品，更是对人体有十分积极的作用。不过阿诺尔德·勋伯格（Arnold Schönberg）[1] 所创立的十二音体系，则被很多人认为听起来很累。这是因为它并不是以和声学中的大调及小调为基础。对于大多数人来说，听起来好听而舒适的音乐往往是由主音、属音、下属音这类简单的和声、和弦组合，或一度、三度、五度、八度等音程构成。因此，大多数的流行歌曲都是以此为基准。

至于音乐对我们能有什么样的影响，和我们童年、青年时所受到的教育，甚至和胎教也有关系。如果我们的妈妈在听披头士的音乐时总是有好心情的话，那我们就更有可能会喜欢有类似音乐结构的歌曲。若是听其他的音乐流派：不管是雷鬼音乐、摇滚乐、爵士乐、灵魂乐、蓝调音乐，还是民乐或古典音乐……也是同理。

大家如果特意想要放松一下，或者想要的是另一种效果，比如借助音乐的力量刺激一下自己，那么就需要注意选择所听音乐的"BPM"了，也就是音乐的速度。BPM 是"beats per minute"，即"每分钟节拍数"的简写。平均起来人类的心脏节拍数大约为每分钟 72 下，而这也正是决定音乐作品听起来是更激励人心，还是更有镇静作用的评判基准。比如，电子音乐中的"浩室音乐"（House music）凭借其受人欢迎的 120BPM，荣登最受欢迎的运动音乐宝座，理所当然也深受乐队的喜爱。而只有 60BPM 的音乐则是让人镇静下来的最佳选择。

总的来说，对音乐的选择取决于其速度以及你如何装点下班时间的方式。不妨在听音乐时认真地倾听，而不只是将其当作背景音乐。好好享受一下这份宝贵的时光。

---

1 美籍奥地利作曲家、音乐教育家。——译者注

🎤 声音训练

你也是那种想时不时唱首歌的人？或者你已经想在部门内组织一场令人满意的联欢活动很久了？那还等什么！为什么不带着大家一起去看一场合唱团的演唱会，或是一起去唱卡拉 OK 呢？要么你也可以就此组建一个公司合唱团？

之所以要这么做，正是因为自远古以来，在很多文化中必不可少的一部分，正是与人齐声合唱。日常中，它也对我们的心情有着神奇的修复作用。即便是平日里脾气暴躁，动不动就气得火冒三丈的人，一旦自己开口唱歌或是和别人合唱，也会咧开嘴巴，真心诚意地打开自己的心胸。

很多内向的人都会突然来个 180 度的性格大转弯，在唱歌时变得判若两人似的。可能你也体验过，平时在角落里文文静静的同事一唱歌便显露出其如老虎般气势不凡的样子来。准有过这种情况吧？

唱歌给我们身心带来的影响真是令人叹为观止，给人所带来的变化也是肉眼可见。人们在唱歌的时候不仅团结一致，更能真真切切地以歌传情。正因如此，各类民族音乐或是军乐也常有沦为权力工具的倾向。

而如今受人喜爱的各类唱歌选秀节目，则更是让"演唱艺术"这个话题再度如火如荼起来。各类全民唱歌软件或卡拉 OK 等娱乐项目的热门程度也是盛况空前。不仅有更多喜欢享受音乐的听众，在德国境内，能像迪特·波伦（Dieter Bohlen）[1] 那样用专业术语对音乐评头论

---

1 德国著名男歌手。——译者注

足，或是能抱怨一番的人，奇迹般地都要有足球教练那么多了。

对于年轻一代来说，人们和自己的声音之间的关系也越来越亲近，越来越正常化了。歌唱已经属于新世代文化中的一部分，更是一种受人喜爱的业余消遣。为什么不让同一公司的大家一起放声歌唱呢？

不管是民乐、足球队主题曲、粉丝自创的应援乐、由巴赫或海顿谱写的古典乐、流行风云榜上的音乐，又或是源自美国的福音音乐……不管是什么流派，只要你喜欢就行。就这么直接开始，放声高唱你最喜欢的歌吧。管它是你们公司的主题曲还是儿歌，发挥我们无边无际的想象力吧！

但现在有人开口说道："我不会唱歌啊。"那么就请告诉自己：

1. 这不对！只要是个能说话的、声音又很健康的人，当然就能唱歌了。我们都是用同一个"乐器"发声的，只不过唱歌的发声方式不太一样罢了。

2. 我们不是要追求什么更高、更快、更强，而只是想要享受这物中之趣，获得这么一个小小的个人经验还有集体体验罢了，所以就不必过于完美主义。要是脑子里还是有这么一个小人一直指手画脚，或者你想起了以前音乐老师所说的"唱错了"，又或是亲友一直骂骂嚷嚷着的那句"安静，你就没这个天分"之类的话，只充耳不闻就好。

要是这样还没能说服你，你可以详览接下来这五大理由，了解一下一定要试试看的原因。

为什么唱歌有益健康、好处多多？

1. 唱歌时呼吸将得到增强，肌肉受到锻炼：唱歌时主要是由横膈膜主导呼吸，不管是呼气还是吸气都变得更加强烈。这么一来，我们血氧饱和度便会上升，全身的供氧自然也会得到提升。肺部功能变强，同时肠道也会因为横膈膜的上下运动而受到刺激。与此同时，我们的核心肌群便会被激活，人也自然更振作了。同样，我们面部的肌肉群也会被激活。

2. 唱歌能加强心血管循环：唱歌能降低血压和心率，促进全身上下的血液循环，尤其对于脑部更是作用倍增。另外一个用于鉴定心脏的健康程度及功能水平的指标便是"心率变异分析"。这项指标在长跑运动员中极为重要。有趣的是，瑞典哥德堡大学的研究曾表明：一起合唱的人的心率及神经活性会相互同步。

3. 唱歌有助于增强我们的免疫系统：在多项对合唱团成员所进行的研究中表明，仅仅在他们唱歌 20～30 分钟后，在唾液中能检测到的免疫球蛋白 A 就已经增加到原先的 240% 了。免疫球蛋白 A 主要分布于身体的黏膜组织里，它能够保护我们不受到病原体或过敏原的入侵。唱歌的同时，它也会促进褪黑素的合成。我们能借此清除自由基，降低患癌风险。

4. 唱歌还能激活神经系统：最新的脑神经科学研究表明，我们在听到富有感染力的音乐之时，也能激活神经系统的特殊部位。而这恰好与受到性刺激、吃巧克力或涉毒后进行反应的区域是同一个部位。正是这种"起鸡皮疙瘩"的反应，会激活我们大脑自带的奖赏系统，多巴胺等神经递质便会被释放出来。换句话说，它们也是我们身体自带的"精神鸦片"。这个时候在大脑内部，负责控制恐惧等各种不良体验相关联的部分（比如杏仁体）便会被抑制住。

5. 唱歌会影响荷尔蒙分泌：兴高采烈地唱歌能促进血清素、去甲肾上腺素、β－内啡肽等细胞信号分子的释放。它们便是所谓的"幸福荷尔蒙"，不仅能使正在演唱的人变得振奋起来——据音乐心理学家卡尔·阿达梅克（Karl Adamek）所言，音乐更能让歌唱者变得沉着稳重、信心满满。而与之相对的，引起我们的恐惧、压力及疼痛感的皮质醇的含量水平则会下降。所以唱歌的人们是在给自己生产抗抑郁药，并自给自足。

就连被称为"爱的荷尔蒙"的催产素，在唱歌后的短短20～30分钟内也能显著增加。在分娩、哺乳及性行为过程中，催产素的分泌能起到加强人与人之间关系的作用，使人变得更加富有爱心、相互信任，从而让人打开心房。这也便是平时那些愁眉苦脸、一言不发的同事唱歌时变得活泼好动，甚至显得过于兴奋的原因。

现在我们有足够的理由一起来试试了吧？

都记住了吗？

休息训练之旅圆满结束

你的声音、身体还有认知能力，都已经和我们一起车马劳顿地度过这一天了。通过休息训练，你受过了苦但也坚持下来，还给自己加了把劲儿。最理想的当然是大家在休息时间能够好好歇息一番。大家现在还能想起我们在本书开头提到过的"Loci 位置记忆法"吗？

现在到了知识检查的时候了：古希腊人当时说得真的有道理吗？这个传说中最古老的记忆方法，在如今的数字化世界中，还能派得上用场吗？

就算一天下来脑袋满载着工作相关的事，我们还能在不凭借任何电子产品或便利贴的帮助下，回忆起工作一天中所去过的地方，用过哪些休息训练方法吗？

你还记得大脑一般情况下的短期记忆容量大致为 5～9 个吧？现在让我们直面现实，做下这个知识测验。如果你能记起来超过 9 个事项，那自然是恭喜贺喜了！就让我们快马加鞭，再次回忆这一天。想想去过哪些地方，做过什么训练吧！

1. 一日之初便始于自己卧室的床上。借助一系列瑜伽呼吸训练、拉伸训练，还有依靠交叉练习画"8"字及泰山式动作等，我们便能变得充满元气。

2. 接下来就让我们活动起来，灵活自如地上路吧。我们时刻留意观察周边事物，活动横膈膜及核心肌群，一边等红灯的时候一边做肌肉拉伸，也做盆底肌练习。

3. 现在可算到了自己的写字桌前。你借助艾森豪威尔矩阵，为事物建立起优先级，有秩序地开启精神饱满的一天。依靠发声练习及各种绕口令，你的发音变得更加清晰。在办公椅上就能做的挺立训练及盆骨跷跷板练习更是让脊柱回到其应有的位置。

4. 现在就让我们拓宽自己的眼界，将整个办公室都纳入视野中。现在到了打磨注意力的时候了。就算有很多环境噪声，你也能保持高度集中的状态。饱经时间考验的番茄工作法、声音共振练习及眼部按摩法会在这时助上一臂之力。

5. 我们今天来到的第五个地方便是公司的走廊。这里恰好遇到了那些别的部门的同事。多亏了各种方法，我们才有更好的记忆力，得以想起他们的名字。在这我们还可以做上几个瑜伽步，或是在电梯里快速做几下"血管泵"。而与人交流时丰富多彩的副语言符号，更是让你在别人心中记忆深刻。

6. 接下来我们就到了会议室。这里的主题当然是沟通交流了。让我们静下心来做几个练习，学马吐气来调整呼吸，而战士式、呼吸的艺术、视觉化等方法更是助我们离目标愈来愈近。我们终于能够自在地成为会议的主人，在台上演讲时显得落落大方。

7. 终于到午休时间了——走，去食堂吃饭去！为了脱离饭后的倦意，我们稍微走了两圈，散步消化一下。之后更是有"甜点2.0"，即椅上转体、圣光调息法练习等，这让我们好好分散一下注意力，恢复一下体力。

8. 没几个小时后，我们就已经身处茶水间了。接下来的半天中，我们要用上创造力，自在、坦然地度过！当用上了各种能促进想象力发展的方法后，要想找到各种挑战脑力的解决方案自然也不是问题了。在这里，我们得好好感谢一下这些创意方法；感谢瑜伽树式还有"办公室约德尔唱法"的力量。

9. 如果今天的任务真是加大号的，需要加班才能完成，那么耐力接下来将备受考验。不妨停下手中的事，先在休息室享用些好吃的零食，给身体补充些燃料。而后再用上乌鸦式，同时再通过按摩给我们已经紧绷得不行的下颌肌肉放放松。

10. 在这里要恭喜大家——你不仅将自己这一天的工作掌握在自己的手中，得以开启下班时间；更是完满地利用"Loci 位置记忆法"，完成了我们的本次知识测验。随着身体的律动，我们放松愉悦地迎来了夜幕降临。不妨坐着来一遍拜日式瑜伽，一边享受着你最喜欢的音乐，或者也可以跟着轻声哼唱。

　　既然下班了，当然就应该要美美地享受一下，给自己一个应得的奖赏。有的人可能不会这么做，但是每个人都要对自己的身体负责。每个人的身体、声音，以及头脑中思维发散的模式都是独一无二的。

　　既然现在已经完成了本书的介绍，希望大家也在其中体验到物外之趣以及工作时所能体会到的乐趣，一旦用上，有时候都会忘了自己还在工作。我们还要在这里的结尾给大家献上冠冕之礼，给常常忘记自己密码的健忘者带来一个真正便携的数字记忆方法。

　　我们在先前的篇章中谈到发挥创造力时，便已经知道大脑不喜欢直白的数字，而是更偏爱奇形怪状的图片。从现在起，过去因为输错SIM 卡密码导致手机屡屡被锁、在超市排队买菜时接连三次输错银行卡密码的尴尬、出游时忘记宾馆密码锁……诸如此类，让人哭笑不得的事，现在起就要翻篇了。

　　诀窍就是——用谐音法对需要记忆的数字重新编码，造一个奇奇怪怪的句子即可！

像"2538"这样的密码组合，就可以用"饿我三百天"[1]这样的句子绘声绘色地记忆。

在下次度假住酒店的时候，你干脆就想一个富有安全性的密码。像是"1256"便是"一只（1）二哈（2）和我（5）遛狗（6）"。最好用你头顶的"第三只眼"再好好地将这个场景具象化，想象着你被一只哈士奇拖得到处跑的样子。

最后要是还想再来个"Loci位置记忆法"的训练题的话，那么就来记一下大脑喜爱的十大事物"流行榜"吧。下列这十种内容最受大脑的青睐：

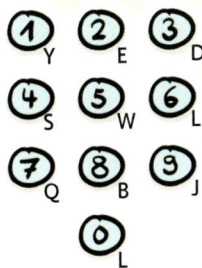

1. 睡眠
2. 运动
3. 清新的空气
4. 放松
5. 尝试新事物
6. 不一心二用
7. 补充葡萄糖
8. 打破常规
9. 水分
10. 时不时对身体、大脑和声音进行休息训练

---

1 德语原文也是利用每个数字单词的首字母，想出一个以同字母开头的词来造句的，此处翻译为中文对应好理解的内容。——译者注

大家不妨用上"Loci 位置记忆法"，将这十点储存在自己的脑海中，再试着努力将其回想起来。

请大家尽情享受这些分别针对身体、大脑及声音的休息训练的乐趣吧！记得要保重身体！

如果想要在线下活动中见到我们的话，可以通过以下网址查看我们在德国所举办的各项活动。

www.pausenkicker.de

你的休息训练师

凯特琳、西娜、莉娜

致 谢

大家能够抽出时间阅读本书，做一些对身心以及声音有益的事，这让我们三个人都感到十分荣幸。

我们同样也十分感激，能够将各种主意从最初的灵光一闪，到带入我们的第一本书中，最后在书店的书架上呈现给大家。在为自己感到骄傲的同时，也放下了心中的一块大石头。在这里也衷心感谢我们杰出的责任编辑——丹雅·黑德延斯（Danja Hetjens）女士！

对于我们来说，真诚表达对他人的感激，学会尊重别人的劳动成果是至关重要的价值理念。在我们奋力迈向健康均衡的生活的途中，更是必不可少的宗旨。感谢所有曾经参与过我们训练、研习会、公众演说等各类健康相关活动的来自各行各业的大家。感谢我们现在所拥有的健康财富，正是因为它们我们才能实现梦想之一——作为休息训练师生活着。

当然我们也有暂时失去热情的时刻——截稿日、各类协商切磋、概念讨论等，甚至是出版本身，都有在途中突然变得像噩梦一样的情况。这是不可避免的一部分！

同时，如果少了下列合作伙伴，我们的书也不能顺利出版。因此十分感谢：

我们的摄影师拍摄出如此棒的照片 http://lukasfaust.de/。

我们的插画师创作了杰出的插图 http://timozett.de/。

以及提供了带给我们这么多新鲜灵感的工作场所的杨·罗斯（Jan Rose，http://andersarbeiten.com/）。

如果你也有自己的梦想，想要在工作生涯中尝试截然不同的事物的话，记住：既然我们能行，你也能行！我们所做的，不过是向歌德看齐罢了："成功只由三个字组成——去做吧！（Erfolg hat drei Buchstaben: Tun. ）"

图书在版编目（ＣＩＰ）数据

工作狂是怎样休息的 : 人人学得会的职场自我修复
指南 /（德）莉娜·维特本 ,（德）凯特琳·伍尔夫 ,
（德）西娜·莫西尼克著 ; 吴莜译 . -- 北京 : 中国友谊
出版公司 , 2020.10
ISBN 978-7-5057-4995-5

Ⅰ . ①工… Ⅱ . ①莉… ②凯… ③西… ④吴… Ⅲ .
①工作方法－通俗读物 Ⅳ . ① B026-49

中国版本图书馆 CIP 数据核字 (2020) 第 175556 号

著作权合同登记号　图字 : 01-2020-5684

本中文简体版版权归属于银杏树下（北京）图书有限责任公司。

书名	工作狂是怎样休息的
作者	［德］莉娜·维特本　　［德］凯特琳·伍尔夫 ［德］西娜·莫西尼克
译者	吴　莜
出版	中国友谊出版公司
发行	中国友谊出版公司
经销	新华书店
印刷	雅迪云印（天津）科技有限公司
规格	889×1194 毫米　32 开 5 印张　120 千字
版次	2020 年 10 月第 1 版
印次	2020 年 10 月第 1 次印刷
书号	ISBN 978-7-5057-4995-5
定价	42.00 元
地址	北京市朝阳区西坝河南里 17 号楼
邮编	100028
电话	（010）64678009